Sin vergüenza

Sin vergüenza

MERITXELL GARCÍA ROIG

Acepta quién eres y muéstrate al mundo

Urano

Argentina – Chile – Colombia – España
Estados Unidos – México – Perú – Urugua

1.ª edición: marzo 2026

ISBN: 979-13-87662-29-5
E-ISBN: 979-13-87899-55-4
Depósito legal: M-1.887-2026

Fotocomposición: Urano World Spain, S.A.U.

Impreso por: Liberdúplex, S.L. – Ctra. BV 2249 Km 7,4
Polígono Industrial Torrentfondo – 08791 Sant Llorenç d'Hortons (Barcelona)

Impreso en España - *Printed in Spain*

Para mi hija Lluna. Eres la mejor maestra que he tenido nunca.

Hija mía,
no puedes arreglar la estupidez.
No puedes curar la toxicidad.
Amar con fuerza a la gente no hará que te amen,
y explicarte demasiado no significa que te entiendan.
Dedica más tiempo a las personas con las que compartes un futuro
que a aquellas con las que compartías un pasado.
Aléjate de la gente que se cree víctima de los problemas
que ella misma ha creado.
Y el día que te des cuenta de esto, serás libre de ser tú misma
sin vergüenza.

ÍNDICE

PRÓLOGO

Antes de empezar a escribir este prólogo, me doy cuenta de que tengo que parar, tomar aire y hablar con mi vergüenza y mi impostora, que a menudo se alimentan mutuamente. Necesito escucharlas un momento y pedirles que me dejen continuar con un pequeño texto que me hace mucha ilusión escribir. Es curioso cómo, demasiadas veces, estos sentimientos se imponen a las ganas de hacer cosas. Por suerte, una de las muchas ventajas de hacerse mayor es que te vas conociendo y vas aprendiendo a superar ciertas limitaciones que, en muchas ocasiones, no me han permitido confiar en mí misma.

Pienso en diez años atrás y dudo si habría podido escribir estas líneas… Pero aquí estoy. Y sí, contribuir a un libro que habla de la vergüenza me hace especial ilusión.

El día que Meritxell me llamó para explicarme el proyecto que estaba desarrollando —estas páginas que tienes entre manos— y me propuso hacer el prólogo, me quedé alucinada. Las lágrimas me cayeron por las mejillas. «¿Yo? ¿Qué diré?», pensaba.

Hacía unos meses que acababa de estrenar mi espectáculo más íntimo, *La vergüenza y yo*, donde me abrí en canal para confrontar esa emoción que me ha limitado durante buena parte de mi vida. Era hora de mirarla de frente y decirle: «Te siento, te reconozco, te escucho, dejo que te expreses a través de mí, pero ahora, chata, mando yo».

Pausa.

Vuelve a leer esta última frase:

«Te siento, te reconozco, te escucho, dejo que te expreses a través de mí, pero ahora, chata, mando yo».

Así podría estar hasta el infinito.

Continúo.

Pienso que me han quedado bastante bonitas estas palabras que son fáciles de leer, de decir e incluso de escribir, pero que diariamente son una lucha interna con la vergüenza, que hace tiempo que me cansa. Creo que hacer lo que una lleva dentro, su proyecto, provoca una ola, llamémosla «universo», grande y potente. La vulnerabilidad parece que está de moda, pero solo lo parece. No es común hablar de una emoción que cuesta mucho compartir porque es muy íntima y personal. ¿A qué le tenemos vergüenza?

En una sobremesa, las personas no exponemos nuestras intimidades más profundas porque nos podrían hacer daño. Y qué triste, pienso, que no podamos compartirnos con tranquilidad y decirnos dónde tenemos las heridas y los miedos…, pero así somos. ¡Debemos ser fuertes y que no se nos vean las costuras! Así que es mejor comer un buen postre compartiendo cotilleos, anécdotas, algún miedo y alegría, que siempre es muy bienvenida… y dejar de lado la vergüenza, sin dejarla entrar.

A veces lo que nos provoca reparo es algo sutil, ya que cada persona sitúa la vergüenza en lugares diferentes. Y como no todos la sentimos en el mismo punto, no hablamos de ella, e incluso nos hace cierta gracia que alguien se ruborice en una situación que para nosotros es una tontería… Sin embargo, quien la padece, independientemente del grado, sabe que la vergüenza tiene mucha fuerza.

Releyendo estas páginas, me doy cuenta de que es bonito hacerlo, es sanador ponerlo en palabras y compartirlas. Quizás muchas personas no hemos vivido algunas de las experiencias que nos cuenta la autora; otras sí, pero, aun así, me parece precioso encontrarse entre sus palabras.

En mi caso, mientras leía el libro, ha habido situaciones que expone Meritxell en las que pensaba: «¿Qué habría hecho yo en su lugar?», «¿Cómo habría reaccionado?», «Entiendo tanto lo que le pasa...», y hacer este ejercicio de situarse en el lado del otro es encontrarse ante un espejo que pone paz al propio sistema nervioso.

Como dice Meritxell: es importante encontrar espacios seguros. Lugares donde poder ser una misma, sin miedo, sin limitaciones... Y con los años nos damos cuenta de lo fundamental que es que ese lugar seas tú misma. ¡Ese espacio seguro debe ser uno mismo! Estas palabras me las dijo la autora tomando un café. Ella no lo sabe, pero aquí mi cabeza explotó. ¡Claro! Para estar cómodos, dentro de nosotros tenemos que conseguir seguridad, estima y amor hacia uno mismo..., pero no resulta fácil, ¿verdad? ¿Cómo lo hacemos entonces?

Yo estoy trabajando en ello, porque no os lo he dicho, pero a mi vergüenza, la que no quiere ser nunca vista, le ocurre una cosa que siempre he odiado profundamente: la acompaña un enrojecimiento bastante extremo en el rostro. Cada vez me sucede menos, por aquello de que nos tenemos que aceptar, pero toda la vida me ha pasado.

Cuando mi vergüenza es vista por los demás, ya os podéis imaginar que provoca mil comentarios: burlas, desprecio, palabras de amor, etc. Y es un palo, pues no es agradable que te señalen por lo que sientes, ya que parece que te hagan un reproche, como si no fuera lo que debo sentir, como si no fuera lo correcto.

Hay emociones que validamos y respetamos, pero hay otras que no tanto. Lo peor viene cuando no te permites sentir: pase lo que pase fuera, lo evitas porque lo que experimentas es fuente de vergüenza y culpa.

En esos casos, el propio dedo índice no señala hacia fuera, sino hacia dentro. Cuestionarse y despreciarse no es nada sano, pero aun así resulta necesario hacer estos trabajos introspectivos y permitirse un espacio y un tiempo para la libertad y el autoconocimiento. Es una manera de ir ampliando nuestros límites, compartirnos, respetar los procesos de cada uno y hacerlo sin vergüenza.

Comparto un pequeño fragmento de mi obra de teatro, *La vergüenza y yo. Retrato introspectivo de una emoción.*

Ella:

¡Basta! ¡Hostia, basta! Me agotas, vergüenza, me agotas hasta tal punto que me paralizas, me aprietas y me ahogas. Me pregunto por dónde entras. ¿Por qué poro de la piel te cuelas y me penetras? No, no puedo disimularte. Siempre estás lista para dejarme en evidencia. Hay veces que noto cómo subes poco a poco, con dolor, lentamente, presionando mis entrañas, las vísceras, los recuerdos y el presente. Y me contaminas, y no para de crecer esta mancha dentro de mí (¡que ni con maquillaje se va, señora!) y, a veces, lo haces rápido, con contundencia, me azotas como un relámpago. Irradiándome por dentro y haciendo saber a todos que aquí estás tú. ¡La reina! ¡Mi dueña incontrolable que se piensa que es el sol! Estoy viva, ¡déjame ser! Harta de esconderme. Esconderme de todo. Esconderme de estas lágrimas saladas, las sonrisas bajo la nariz, de las miradas con amor y, ¡sí!, quizás no tanto de amor, ¿y qué? Esconderme, incluso, de querer la felicidad. Esconderme de los ojos de los demás, esconder mi alma, mi cuerpo, mi rostro. ¿Por qué no perforas la vida de aquellos que no te conocen? ¿Por qué no invades y pones en evidencia a todo aquel que carece de ti? Necesito dejar de hacer un pulso contigo, día y noche. Yo no soy tú y tú no eres yo, pero al mismo tiempo siento que formas parte de todo. ¿Quiero acabar contigo o tengo que acabar conmigo para acabar contigo? No sé cómo debemos relacionarnos…, pero quizás es hora de empezar a tejer, juntas, una relación diferente, ¿no? ¿O qué tenemos que hacer con las cosas que nos pasan por dentro?

Gracias, Meritxell, por este libro y por compartirte con nosotros. Estimada lectora, estimado lector: disfruta y déjate sentir.

MARÍA CALVET, ACTRIZ

1

EL CAMINO ELEGIDO: SIN VERGÜENZA

«En lo autobiográfico habita la experiencia ajena.»
Paul Ricoeur

Si estás leyendo estas páginas es porque la vergüenza forma parte de tu día a día. Llevas tiempo buscando un camino para dejar atrás las limitaciones que no te permiten ser tú. Puede que no sepas aún el papel que juega la vergüenza en tu vida, pero, al elegir este libro, algo te ha llamado. Tu intuición ha hecho de las suyas y sabe que hay algo aquí para ti.

Si te has pasado la vida intentando encajar, ha llegado el momento de darle la vuelta y aprender a desencajar. No hay nada más magnético que la autenticidad. Ver a alguien en su esencia, sin limitaciones, sin remordimientos, desplegando las alas para salir a volar… es algo mágico. La libertad llega al deshacerte de un discurso mental que te rechaza desde dentro, que te critica, que te hunde en tus propios prejuicios y creencias, y te ancla a la vergüenza.

Las personas altamente sensibles, neurodivergentes, diferentes en un ámbito de su personalidad, apariencia física o en la forma de hacer vivimos la vergüenza en silencio. Somos conscientes de la diferencia y, al intentar encajar, dejamos de lado nuestra verdadera personalidad. Queremos evitar el rechazo, no ser la nota discordante, evitamos sentir que no pertenecemos, amoldándonos, filtrando quiénes somos. En este libro aprenderás a amar tu diferencia, a aceptar que sentir es el primer paso para ser tú misma, y que es necesario desintelectualizar las emociones y reconciliarte con la intensidad de sentir el rechazo de los demás. También aprenderás a conectar con tu cuerpo, que siempre vive en el presente y es el que nos ayuda a volver al centro.

En este libro te cuento mi historia sin filtros, tal y como soy, sin vergüenza. Abro mi corazón y paseamos por mis escenarios de la infancia y la adolescencia hasta el día de hoy. Te comparto mi experiencia, mi sentir y mi camino hasta aquí, para que tú puedas andar el tuyo.

La vergüenza no desaparece del todo, y es bueno que así sea, porque nos ayuda a sobrevivir en sociedad; pero no puedes dejar que conduzca tu vida y dirija tus acciones.

¿Estás preparada para ser tú todos los días de tu vida? Pues ponte calzado cómodo, porque empieza tu camino sin vergüenza y no es un trayecto que pueda hacerse en un solo día.

Quiero compartirte cómo es hoy para mí una jornada sin vergüenza:

Una mañana estaba esperando a mi hija y a mi pareja en la puerta de un supermercado mientras ellos estaban comprando en otro. Nuestra ruta de compra semanal de los sábados. Llamé a mi pareja al acabar una de las paradas de mi lista. Cargada con un carrito y sin bolsas, no tenía muchas opciones de llegar donde estaban ellos sin antes descargarlo en el coche. Llamaba y llamaba, y no me respondían. Desde la tranquilidad y mi límite personal de no querer ir arrastrando el carro, paré. Sentada en el bordillo del escaparate, decidí llamar al supermercado para que los avisaran por megafonía. Mientras lo pensaba, me reía yo sola, con esa risa de enano malicioso, que para mí es la señal de que mi niña interior ha salido a jugar y estoy escogiendo el camino adecuado. Así que llamé al supermercado y, a pesar de la sorpresa inicial de la chica que atendió mi petición, me hicieron caso. Me imaginaba la escena y me reía: «Daniel, su mujer le está buscando. Por favor, contacte con ella».

Debe de ser desconcertante oír tu nombre por megafonía. Normalmente se usa para anunciar las promociones o los productos en oferta… Pero escuchar tu nombre seguro que produce una mezcla de espanto y diversión. Mientras caminaba decidida al aparcamiento, no podía parar de reírme. Cuando nos encontramos en el garaje, los tres estábamos muertos de la risa. Desde allí se escuchaba: «Daniel, su mujer le está buscando».

2

SER INFANTIL: EL ANTÍDOTO A LA VERGÜENZA

Nos han dicho que tener una actitud infantil es algo de lo que debemos huir. Está mal visto ponerse a correr por la calle, bailar con los auriculares en el andén del metro o hacer bromas que nadie entiende, solo para reírte tú misma con tu humor absurdo. La mirada del otro que nos juzga, o imaginar el rechazo y la vergüenza, nos limita profundamente.

Pero si algo he aprendido de mi hija Lluna es que la vergüenza solo aparece cuando no estás en un espacio seguro. Ella no tiene miedo de saltar por la calle, decir lo que piensa o expresarse tal como es. Pero ese espacio seguro tienes que ser tú misma. Solo entonces la vergüenza desaparecerá del plato del día. El caso es que nadie va a venir a ponerte una alfombra roja para que seas tú. Es el trabajo diario de cada una de nosotras crear un espacio interno de calma y seguridad.

El camino de la vergüenza nos conduce a una vida adulta llena de tareas y hojas de Excel donde la diversión y la espontaneidad no tienen cabida. La producción nos lleva al agotamiento, mientras que el «nunca es suficiente» se instala como un lema diario. La insatisfacción, el sacrificio y la lucha se vuelven permanentes. Hemos interiorizado conceptos ajenos de éxito que nos alejan de vivir desde el ser y nos empujan hacia el hacer. Desde esta perspectiva, disfrutar es imposible.

Llegar a vivir sin vergüenza no consiste en mil teorías imposibles de poner en práctica, sino en ser consciente de lo que es vivir en tu propia piel y sacar a la niña que vive dentro de ti y está luchando por salir.

En este libro me desnudo, te cuento situaciones, pensamientos y sentimientos que quizás todas tenemos, pero que no expresamos en voz alta. Y por ello nos sentimos solas. Nos cuesta ser honestas con nosotras mismas, vulnerables, y experimentar nuestros sentimientos, sin querer taparlos a la mínima.

A lo largo de estas páginas, te verás reflejada en algunas situaciones que cuento. Son escenas cotidianas que seguro que has vivido o te resultan familiares, y que te harán de espejo para que te conozcas mejor, te reconozcas y decidas qué camino quieres tomar. Pero antes hablemos de nuestra protagonista: la vergüenza. Esta surge cuando nos sentimos expuestas negativamente ante los demás o cuando percibimos haber violado normas sociales o morales, lo que nos lleva a una espiral de evaluación negativa de una misma.

Las emociones primarias son la tristeza, la rabia, el miedo, la sorpresa y la alegría. La vergüenza es una emoción secundaria. Es una mezcla explosiva de miedo y tristeza, que se junta con la culpa (otra emoción secundaria). La vergüenza es una sensación que habita en el cuerpo, en la mirada de la sociedad. Se manifiesta físicamente con rubor facial, mirada baja y postura encogida. Se vive en la piel. Cuando se produce, aflora la herida primigenia que todas experimentamos de jóvenes. Sea cual sea, cada una tiene la suya:

- Rechazo: sentimiento de exclusión o no aceptación.
- Abandono: miedo o experiencia de ser dejado.
- Humillación: experiencias de vergüenza intensa, ridículo.
- Traición: ruptura de la confianza depositada.
- Injusticia: sentimiento de trato desigual o desleal.
- Invalidación: negación de los sentimientos o experiencias personales.

Estas heridas emocionales tienen su origen, normalmente, en la infancia e influyen en los patrones de comportamiento, relaciones y bienestar emocional a lo largo de la vida. Esto es así porque las creencias se forman desde la herida. Desde esas experiencias que marcan cómo nos mostramos al mundo. El discurso interno se materializa en creer que, si eres tú misma, serás rechazada; en pensar que eres una mala persona o que no serás empática con los demás. Cuando piensas que ser tú y poner límites te vuelve egoísta, tiendes a desconectarte de ti misma.

¿Por qué ocurre esto? Porque la creencia común a todas las heridas es la siguiente: «Ser yo misma es un peligro para mí y para los demás, y, por tanto, no es una opción segura para sobrevivir».

Es probable que haga demasiado tiempo que la vergüenza se ha instalado en tu programa mental. Aunque no puedas desterrarla, has de ser consciente de que vuestro vínculo debe ser agradable, tiene que cambiar. Hay que decir: «Ahora decidido yo, la vergüenza no decide por mí».

La dificultad de conectar con la vergüenza de otra persona yace en la misma naturaleza de la emoción. Es vergonzoso compartir nuestra vergüenza, puesto que esta emoción se recibe demasiadas veces con incomprensión. La explicación a por qué a veces no se entiende radica en que donde tú tienes la vergüenza no es el mismo lugar donde la tengo yo.

Sin embargo, la conexión humana se basa en experiencias vividas que te ayudan a ponerte en el lugar del otro. ¿Cómo te adentras en una vergüenza que no es la tuya? Por ejemplo, en la inseguridad que se siente por tener que hablar en público o en la incomodidad física o la falta de confianza al cantar o mostrarse ante otros…

Cada una la tenemos en un lugar diferente, y al escuchar la vergüenza ajena no nos queda más remedio que conectar con la propia para entender y apoyar al otro. No es un sentimiento cómodo al principio, y no todo el mundo está dispuesto a rebuscar en sus entrañas para acercarse a los demás.

3

LA VERGÜENZA:
YA NO LA ESCOJO

«La vida emocional es un sistema complejo de alcantarillado.»
Pasqual Maragall

Hace un tiempo, la situación cotidiana en el supermercado de la que te hablaba habría transcurrido de forma muy diferente. Me habría enfadado porque mi pareja no respondía a mis llamadas, iniciando un monólogo interior negativo: «¿Por qué no puede estar atento? Tengo frío, voy cargada... ¿Dónde está? ¿Por qué no responde?». Y al verlo le habría soltado algún reproche y habríamos discutido por una llamada absurda. En cambio, en ese caso, después del aviso por megafonía, nos pudimos encontrar, reír y cantar a todo pulmón *Mi burrito sabanero*, la última canción del repertorio de mi hija que se pega a más no poder. Si la escuchas, estás perdida. No podrás parar de cantarla.

El camino sin vergüenza está lleno de situaciones en que lo más infantil, lo más absurdo, es normalmente la mejor opción. Pero no resulta sencillo. En mi caso, reconciliarme con mi naturaleza espontánea y vital no ha sido fácil, como tampoco lo ha sido comprender que esta actitud no está reñida con la vida adulta. Ahora sé que es la única manera saludable de vivir.

Me ha costado reconectar con este espacio interior donde no hay límites, donde el deseo y la creatividad siempre tienen lugar. Un rincón donde reír, disfrutar y compartir.

La actitud positiva hace que mis tareas y mis problemas se vuelvan ligeros. Consiste en salir de la impotencia, del victimismo, y dejar de creerme los pensamientos que mi cerebro me lanza sin filtro. Me siento capaz de jugar al *ping-pong* con las ideas que me pasan por la cabeza y cuando no me interesa una, la lanzo con la pala bien lejos de mi realidad.

A fuerza de practicar, mi mente ya no me propone tantos pensamientos negativos, ni me envía directa a un espacio catastrófico. Ha aprendido a jugar conmigo, a enviarme pensamientos como el de llamar por megafonía. Y cuanto más utilizo estas ideas de juego, de disfrutar, más me envía.

Comparto contigo el poema que me ha acompañado en este camino de desnudarme y quitarme el muro de la vergüenza. Y no hay acto más valiente, ni camino mejor fuera de la vergüenza, que escribir el libro que tienes en las manos.

El camino no elegido, de Robert Frost

Dos caminos se abrían en un bosque amarillo,
y triste por no poder caminar por los dos,
y por ser un viajero tan solo, un largo rato me detuve,
y puse la vista en uno de ellos,
hasta donde al torcer se perdía en la maleza.

Después pasé al siguiente, tan bueno como el otro,
posiblemente la elección más adecuada,
pues lo cubría la hierba y pedía ser usado;
aunque, hasta allí, lo mismo a cada uno
lo había gastado el pasar de la gente,

y a ambos por igual los cubría esa mañana
una capa de hojas que nadie había pisado.
¡Ah! ¡El primero dejé mejor para otro día!
Aunque tal y como un paso lleva al siguiente,
dudé si alguna vez volvería a aquel lugar.

Seguramente esto lo diré entre suspiros
en algún momento dentro de años y años,
dos caminos se abrían en un bosque, elegí…
elegí el menos transitado de ambos,
y eso marcó toda la diferencia.

Este es el final de cómo la vergüenza ha dejado de estar en el centro de mi vida… Pero tendremos que empezar por el principio.

Mi cabeza es un barrio peligroso

Camino en la oscuridad, con paso rápido, escuchando atenta los ruidos a mi alrededor. Al mínimo murmullo me giro asustada. La sensación de que el peligro puede estar en la siguiente curva me mantiene con los ojos muy abiertos. Oigo repicar mis pasos y apenas veo a dónde me dirijo bajo la luz tenue de las farolas.

Soy de esas personas que prefieren pasar por la misma calle. Me da seguridad la previsibilidad, saber cuál es el camino, tener claro que a cada paso conozco perfectamente cuál será el paisaje, lo que me voy a encontrar.

Dentro de mi cabeza, transito por vías conocidas. La calle del perfeccionismo es la principal, junto con la del miedo: ambas forman un cruce como el *Cardus* y el *Decumanus* romanos. El centro neurálgico de la villa interior. Hace tanto tiempo que recorro estas calles que ya no percibo los adoquines rotos, ni los agujeros bajo mis pies. Los conozco demasiado bien. Ya no tropiezo como antes, al mínimo descuido, pero sigo topándome con las mismas piedras familiares.

La comodidad incómoda de saberse el camino, aunque no sea el más adecuado. El itinerario automático es el escogido para no hacer el cambio, para mantener el *statu quo* permanente.

Estoy atenta, voy en guardia, no me puedo poner los auriculares para disfrutar del camino y, si lo hago, es con la música de la alegría a bajo volumen y la oreja a la espera de peligro.

En cualquier momento pienso que llegará un tirón de bolso y ojalá me robaran tan solo las llaves de casa y el monedero, pero es la autoestima, la esencia genuina de ser yo misma la que se marcha con el ladrón.

De tanto caminar por las mismas calles me he acostumbrado al miedo. Puedo transitarlas, caminarlas, pero aún no disfrutarlas. Mi cabeza es un barrio peligroso, de estos por los que no querrías pasar sola de noche. Casas bonitas y modernistas, un buen paisaje, pero la seguridad no acaba de estar. Y me convenzo de que de tanto caminar arriba y abajo se convertirá en un espacio seguro.

Hace poco que he empezado a mirar al suelo y me he dado cuenta de que el paisaje bonito que hay a mi alrededor poco tiene que ver con un pavimento lleno de agujeros y adoquines rotos que necesitan un mantenimiento que no llega.

La vergüenza es el empedrado de todas estas calles que camino. De tanto mirar al cielo, se me había pasado por alto.

He puesto la mirada en el lugar equivocado y, de tanto ignorar el suelo que piso, he construido una personalidad que ya no se aguanta por ningún lado. Un personaje, unas máscaras que quieren caer y no saben cómo hacerlo de tanto tiempo que han tapado el corazón que hay detrás.

Quién me iba a decir que el pavimento de mis calles estaba hecho de vergüenza, rechazo, inadecuación, del síndrome de la impostora que me persigue incansable a cada línea que escribo.

Tengo un máster en sentirme pequeña, en ser la nota discordante, diferente, la «rara». Discursos aprendidos y autolimitaciones que no me dejan ser.

Y de tanto ignorar la vergüenza, he construido mi vida sobre un suelo que se derrumba.

Es oficial. Estoy en obras.

He decidido rehacer el suelo de mis calles del pensamiento y poner autenticidad, empatía y libertad. Las pilas de escombros se me acumulan en la calzada y, pieza a pieza, compartiré contigo el ejercicio de rehacer los cimientos, de limpiar aquello que ya no me sirve para ser yo misma.

Nadie quiere hacer obras en su casa, y menos en la estructura interna que te ha mantenido en vida todos estos años y te ha permitido sobrevivir. En la edad adulta se hace evidente que el camino conocido, los cimientos, los creó «mi yo» de niña, que tenía recursos limitados y una mochila llena de los traumas que le tocaron en la ruleta rusa familiar.

Hacer obras en el interior del *software* es una pesadilla. La falsa tranquilidad que da ser la misma desaparece.

Cuando las obras están dentro de ti, no hay nadie más que tú que pueda sacar las ruinas. Un trabajo pesado, pero a la vez una recompensa interna.

Me motivo imaginando que camino por las nuevas calles a la luz del día, con música, sin mirar a uno y otro lado para mantener la sensación de seguridad. Tranquila, segura y, sobre todo, auténtica.

Lo que más vergüenza me da es escribir este libro. Abrir la intimidad que ha vivido cerrada dentro de mí. «Lavar la ropa sucia en público», como diría mi abuela.

Poner a la luz de tus ojos los pensamientos, los sentimientos que no se comparten, que se quedan en la oscuridad de las calles internas.

Ha llegado la hora de sacar la ruina y esto significa que le tiene que tocar la luz del sol. En tus manos, el camino que haremos es también el suyo.

Mi deseo es que te sientas humana. Que observes la vergüenza, la hayas vivido en esta forma y color o no, escuchando y sintiendo tu mundo.

Escribiendo es como entiendo el mundo interior y exterior, y escribiendo he hecho este camino de vivir en autenticidad sin vergüenza.

Sé con certeza que lo que nos hace humanos es la vulnerabilidad, la honestidad y la empatía. Queremos evitar sentirnos fuera del concepto de perfección. Buscamos ser la persona ejemplar, pertenecer, sentirnos amados, y somos capaces de llegar al extremo de dejar de ser auténticos para ser aceptados.

La sombra del juicio, la vergüenza y el sentido de inadecuación nos ata a una versión descafeinada hasta llegar a ser una persona que no reconocemos en el reflejo del espejo.

Mi historia sobre la vergüenza

La primera vez que sentí vergüenza quizás no la recuerdo, pero seguramente me llevó a esconderme detrás de las piernas de mi madre. Me aferraba con fuerza, como si fueran una capa de invisibilidad que me protegiera del mundo exterior y sus amenazas.

Durante la adolescencia, la vergüenza formaba parte del menú diario. Imagínate una Meritxell de cabellos largos y lisos, vestida con pantalones acampanados negros, no fuera a ser que alguien me viera el cuerpo o el alma; escondía mis heridas bajo ropa ancha y en silencio. En la oscuridad nadie podía ver mi luz, pero, sobre todo, podía ocultar mis sombras, las heridas.

He experimentado la vergüenza en los probadores, con los pantalones atascados a media pierna. He llorado delante del espejo al sentir que mi cuerpo no me pertenecía, deseando huir de él, castigarlo, castigarme.

Me avergonzaba ser diferente, hasta el punto de dejar de levantar la mano en clase a pesar de conocer todas las respuestas. Recuerdo la vergüenza de recibir un tirón de orejas por sacar un 7 o un 8, mientras el profesor me decía: «Lo puedes hacer mejor».

Las calles del perfeccionismo no se construyeron en un día, queda claro. Cuando los otros esperan mucho de ti, la presión va creando un estándar imposible.

Y acabé creyendo que la única manera de huir del rechazo y la vergüenza era ser perfecta a la mirada externa y evitar hacer un revuelo de cualquier posibilidad de sentirme extraña en un mundo donde se señala la diferencia.

La primera vez con la vergüenza: una hogaza de pan

La primera vez que sentí vergüenza y que recuerdo como si hubiera sido hoy fue cuando mi madre me envió a la panadería a comprar una hogaza.

Debía tener alrededor de doce años, en plena preadolescencia de manual. Hasta ahora había pensado que tenía miedo, que me imponía entrar en un espacio desconocido. La panadería me parecía el fin del mundo. No sabía el nombre de las harinas ni los tipos de pan, necesitaba una estrategia para no pasar vergüenza, para no sentirme inculta. La necesidad de control, de seguridad, que no tenía en la panadería, me hacía temblar las piernas.

—Mamá, ¿y si no tienen hogazas de medio kilo cortada? ¿Qué pido?

—Lo que haya estará bien. Una barra o lo que sea.

No soportaba las imprecisiones. Si el plan A de una hogaza no salía bien, no saber cuáles eran las otras opciones me daba dolor de cabeza.

Recuerdo caminar una manzana. Lo eterno que se me hizo el recorrido de tres calles que separaba mi casa de la panadería, sin dejar de repetirme:

«Una hogaza de medio kilo cortada, una hogaza de medio kilo cortada, una hogaza de medio kilo cortada».

Y, cuando llegué, las manos me temblaban y me daba miedo olvidarme de lo que había ido a buscar.

Sentirme ridícula, pasar pena y vergüenza ha sido un pilar en mi vida que no he sabido desenmarañar hasta ahora. Esta vergüenza estaba tan enredada con el miedo que llegué a pensar que en realidad era este último.

Ojalá la sensación hubiera desaparecido en la panadería. Sin ir más lejos, ayer mismo, en una obra de teatro de drama contemporáneo en la que no entendí nada, el único actor en el escenario invitaba al público a bailar con él. Quería ir, pero tenía los pies pegados, inmóviles, completamente aferrados al suelo. Mi compañero se levantó rápidamente como si un muelle lo hubiera propulsado hacia delante, sin pensárselo dos veces.

A mí, en cambio, me costó dos vueltas de campana mentales levantar las piernas y salir al escenario a bailar haciendo ver que nadie me miraba.

Esto se debe a la exigencia interna de estar en el punto de mira y no hacer el ridículo cuando soy el foco de la atención. Con un montón de ojos mirándome, no me permito el error. O, como mínimo, lo que me parece a mí que es el error. Tan solo cuando siento que mi preparación es suficiente, la vergüenza se hace pequeña. Sin necesidad de que se me pongan las mejillas rojas, la vergüenza me ha perseguido, invisible a mi conciencia.

El toque de atención me lo da el estómago. Como una lavadora centrifugando me avisa, me alerta: «¡Ey! Harás un ridículo de la altura de un campanario. Nadie puede saber que eres una persona humana imperfecta».

¡Qué tontería! Pues bien, eso nos lleva al discurso de quedar bien. Hacer lo que está bien hecho, no destacar mucho, no sea que alguien vea tu valor. No fuera a ser que te mostraras tal como eres y la opinión ajena te importara un rábano.

Con mi aventura de escritora, la vergüenza ha tenido un papel silenciado, pero a la vez ha seguido muy presente dentro de mí. Sabía que nadie podía responder mejor las preguntas del libro que había escrito que yo misma. Cuando pensaba que podía cagarla, olvidarme de los detalles o ir por un camino erróneo, me invadía el miedo al ridículo.

Una frase que resonaba continuamente en mi cabeza era: «Se darán cuenta de que no soy escritora, que no sé escribir y retirarán los libros del mercado. No podré volver a escribir».

El sentimiento no ha cambiado mucho desde la hogaza de medio kilo cortada.

Me gustaría ser más boba

Una de las frases que más repetía en la adolescencia era que me gustaría ser más boba. Con perspectiva, entiendo que lo que realmente deseaba no era ser ingenua, sino poder ser como los demás. Quería que la gente dejara de pensar que yo podía o sabía más que ellos…

Me daba vergüenza cuando, después de salir de un examen con toda la inseguridad del mundo, tenía que escuchar: «Va, si después sacarás un diez».

Y lo peor de todo es que tenían razón. Mi inseguridad me hacía sufrir. Por más que me supiera la lección, intentaba no expresar en voz alta mis dudas sobre cómo había ido el examen. Más allá de la parte lógica que me decía que seguramente había aprobado, sentía vergüenza y no quería decirlo en voz alta por evitar la crítica, el rechazo.

Era difícil sostener las miradas de envidia, porque probablemente estaban pensando: «Ya estamos, si después sacará buena nota y ahora se queja. ¡Qué flipada! Se hace la que no estudia».

No se me permitía sentirme insegura y mostrarlo, no estaba bien visto que alguien que saca buenas notas se sintiese insegura frente a un examen. Me creí este discurso, de suprimir mi inseguridad para que no fuera visible, hasta el punto de crear una falsa seguridad externa. Una coraza fabricada, una armadura que me protegía del mundo. Me mostraba segura, infalible, impenetrable, con la cabeza erguida y sin mostrar ni un solo signo de vulnerabilidad ni debilidad.

Y con este personaje bien creado, solo con el tono de voz y un talante firme y sereno, hacía creer a todo el mundo en una seguridad que, en realidad, no existía en mi interior. Dentro de mí había una niña frágil, sensible, que estaba buscando un apoyo que no encontraba. Así pues, construí una armadura que a ojos de los demás me hacía invencible.

En estas situaciones, me entristecía y me imaginaba que caminaba por los pasillos del instituto con los libros apretados bien fuerte contra el pecho, como el personaje de Rizzo en *Grease*, una de mis películas preferidas. Una canción de vergüenza sobre ser vulnerable, que la sentía muy mía y que yo también cantaba en silencio, *There are worse things I could do*[1] («Podría hacer cosas peores»):

(…) Podría lastimar a alguien como yo
Por despecho o por celos
Yo no robo y no miento, pero sí puedo sentir y puedo llorar
De hecho, apuesto a que nunca lo supiste
Pero llorar frente a ti
Eso es lo peor que podría hacer.

Inconscientemente, en mi adolescencia tenía una canción de vergüenza. Pero ya no la canto en silencio por los pasillos. Ahora puedo cantarla a los cuatro vientos.

La música me conectaba con la emoción que no me permitía sentir. Cantaba en el lavabo de casa de mis abuelos con un *discman*, un reproductor de CD portátil que usábamos en los noventa. Sí, ha llovido un poco desde entonces…

---

1. *There are worse things I could do*, BSO *Grease*, interpretada por Stockard Channing.

Me miraba al espejo, observaba mi rostro y con una cuchara de madera me imaginaba cantando al mundo mis sentimientos a través de las letras de Rosanna, La Oreja de Van Gogh, Laura Pausini. Ten por seguro que salían unos gallos enormes cuando me tocaba emular a Whitney Houston en el estrecho lavabo.

Pero ahí, en un cuadrado minúsculo donde apenas cabía la taza del váter, cantaba mis vergüenzas y, a través de la voz, aliviaba la intensidad del sentimiento. Me refugiaba en los pocos espacios de libertad auténtica que me permitía, en los que nadie pudiera oírme o verme mientras era yo misma.

El grupo de *rock* del instituto

En el instituto había un grupo de *rock*. Su canción estrella era *Have you ever seen the rain?*, de Creedence Clearwater Revival. La cantante principal era una chica delgada, de piel clara y ojos azules, que cantaba como los ángeles. Yo me miraba en el espejo y pensaba: «¿Dónde vas tú, queriendo apuntarte a esa banda, con kilos de más y siendo la empollona de la clase?».

En silencio, la vergüenza me arrebató lo que más deseaba: cantar en el grupo de *rock* del instituto. Sentía una envidia triste, de esa que te invade cuando no puedes culpar a nadie más que a ti misma por ni siquiera intentarlo.

Nadie sabía que me gustaba cantar. En casa sí, claro, pero nadie prestaba atención porque todos decían: «Como a Meritxell se le da bien todo…». Era demasiada presión para una niña que apenas estaba descubriendo quién era y ya tenía la mirada adulta dictando la perfección como estándar. Las habilidades innatas no eran valoradas.

La verdad es que no cantaba mal. No fue hasta el último año de instituto que me atreví a mirar a la vergüenza de frente y hacerlo en público. Decidí enfrentar el miedo presentándome a las audiciones de *Operación Triunfo*.

Por muy espectacular que parezca, ese era el camino fácil. Siempre me ha dado vergüenza mostrarme tal como soy fuera de mi círculo más íntimo. ¿Qué dirán? ¿Pensarán que canto fatal? ¿Se burlarán de mí?

Cantar rodeada de extraños en una cola en el Palau Sant Jordi, llena de hormonas adolescentes, era mucho más fácil que hacerlo delante del instituto. Después de horas en la cola, por fin entramos. Escuchando voces angelicales me sentía pequeña, hasta que fue mi turno. Canté *Killing me softly* de Aretha Franklin y pasé la primera ronda del *casting*, con una pegatina que me daba el valor que no obtenía en casa. La vergüenza me hizo levantar un muro a mi alrededor fingiendo que los comentarios o la ausencia de ellos no me afectaban. Esa pegatina fue un trofeo que demostraba mi valor.

Pienso firmemente que la coraza y el muro que construí desde pequeña me salvaron de sufrir acoso escolar. Con mi altura de 1,70 m con doce años, el volumen y el mal genio que gastaba con quienes querían minar mi autoestima hacían que la mayoría no se atreviera a más que lanzarme frases vacías.

Por muy poco ofensivas que fueran frases como «Meritxell *vaixell*»[2] —pobrecitos, en primaria lo tenían realmente difícil para hacer bromas con mi nombre—, hay que darles crédito, sobre todo si iban seguidas de otras más lapidarias como «¡Eres gorda!» o «¡Empollona!».

Hacía ver que esas palabras no se clavaban en mi corazón. Con cara de póker y corazón fuerte, la vergüenza era interna, escondida.

---

2. Meritxell rima en catalán con la palabra «vaixell» (barco).

Ante la multitud de energúmenos, me mostraba impasible con una respuesta que me servía de muro:

—Sí, yo soy gorda y puedo adelgazar. Tú eres un imbécil y no puedes hacer nada para cambiarlo.

En el momento de soltar una frase así, como un cohete protector, me sentía poderosa, pero después me envolvía una tristeza profunda. Sufría la vergüenza de mi cuerpo al conectar con el hecho de que a mí me gustaba tan poco como al chico que había dicho la frase para herirme.

El muro se convirtió en una capa más de mi piel. Hasta la edad adulta no supe que estaba ahí. Pensaba que el miedo era lo que me paralizaba, pero, cuando lo superé, aún había muchos momentos en los que mostrarme sin pensar primero si lo que iba a decir era lo correcto me resultaba imposible. El control, la autocensura, la adecuación, hacer lo que se esperaba. Quería ser perfecta. No podía soltarme.

Mi cerebro me enviaba sin parar escenarios ridículos, futuros hipotéticos que se hacían reales en segundos en el mundo de las ideas y me impedían ser yo. No podía decidir desde la esencia. La vergüenza me lanzaba a abandonar los sueños que me habrían hecho feliz.

Si los baños pudieran hablar

A menudo reflexiono sobre el sufrimiento que me acompaña a diario. No sé dónde esconderme porque es mi propia voz interior la que resuena, me maltrata, me insulta, me cuestiona, siente la vergüenza más absoluta. Ojalá pudiera culpar a alguien de este discurso interno: «Me gustaría huir de mí misma y esconderme donde nadie pudiera verme».

Y, de hecho, me ha sucedido innumerables veces. Si los baños pudieran hablar, contarían cómo me he refugiado allí para escapar de una emoción que venía a sentarse conmigo en la taza del váter. El impulso de ir corriendo al lavabo para evitar que las lágrimas se hicieran visibles ha sido una constante en mi vida. He llorado desconsoladamente entre esas cuatro paredes blancas y sepulcrales de azulejo. Sentada con la cara empapada en lágrimas, me repetía: «Basta, Txell, basta». En voz alta, me convencía de que el desahogo necesario había terminado y me esforzaba por parar el llanto como podía.

Me miraba en el espejo, con los ojos hinchados y enrojecidos. Miraba esa cara que no podía esconder las huellas visibles de las lágrimas por mucho que ya no estuvieran.

Entonces forzaba un par de sonrisas ante el espejo que me miraba incrédulo por la falsedad. Respiraba hondo. Y volvía a mi lugar de trabajo deseando en voz baja que nadie se diera cuenta, que nadie me preguntara por qué había llorado.

Por suerte o por desgracia, si alguien veía mi cara de resaca llorosa, no lo decía. No sé si los demás estaban tan absortos en su realidad que no se daban cuenta de la del resto o simplemente la ignoraban. Para mí, su indiferencia, que nadie comentara en voz alta lo que era evidente, era mi alivio.

Si alguien lo hubiera hecho, no habría podido contener las lágrimas ni un segundo más. Como si de una fuga se tratara, habrían salido en cascada. A cada rechazo, palabra mal dicha, reproche o error, mi discurso interno se ha hecho más tirano.

El llanto me ha acompañado siempre como una fuerza que me impulsa a soltar, y sí, las lágrimas me relajan. El discurso mental aviva las llamas de la sensación que me sigue después de la calma.

He llorado cuando en el trabajo mi jefe me decía una mala palabra, un comentario hiriente, o, simplemente, cuando yo me maltrataba de manera gratuita tras cometer un fallo. No recuerdo los detalles de por qué acabé llorando ese día, pero mientras lo relato, la emoción vuelve a mí como un caballo desbocado sin encontrar la salida. El momento pasa, pero la emoción se queda en el cuerpo, la memoria de la piel.

La vergüenza me ha acompañado siempre. Me ha impedido ser quien soy y ser como soy realmente, y me ha hecho desear no tener el cuerpo que tengo. Habría dado lo que fuera por un cuerpo normativo. He aprendido a quererme. En las situaciones en las que tenía que ser yo, me hacía una herida más grande y profunda. He escondido esa parte de mí que duele.

Quizás mi experiencia con la vergüenza no resuena con la tuya, pero en el territorio común de las emociones, hay un hilo que nos conecta. Ese hilo no borra la vergüenza, pero la debilita al compartirla, permitiéndonos afrontarla con más valentía y dialogar con ella con sinceridad.

Un libro, un refugio

Mi resiliencia era férrea para proteger la poca esencia que dejaba ver. Los libros impregnaban mi rutina diaria. En primaria, siempre llevaba algo de lectura en la mochila y en los momentos de aislamiento, cuando el dolor era demasiado intenso, abría las páginas y me sumergía en un mundo paralelo, en otra vida. No podía renunciar al pasaje encantado que me permitía escapar de mi realidad y vivir otras vidas simplemente pasando página.

El presupuesto en literatura era una de las partidas más altas en mi casa, y aún lo es. Las visitas a la biblioteca para escoger libros representaban el camino más directo hacia mi libertad interior.

Tenía tantos sentimientos acumulados bajo la coraza que no había suficientes páginas para comprimirlos aún más. Y así empecé a escribir.

Cuando tenía doce años, durante unas vacaciones de verano, mi abuela Filo, Filomena, me llevó al Museo de Cerámica de Barcelona. Me dijo que lo hacía por mí, para que apreciara la belleza de las piezas, pero las dos sabíamos que estábamos allí por ella.

Me enfadé y sentada en un banco del museo le dije:

—Me puedes obligar a estar en el museo, pero no me puedes obligar a verlo. Me sentaré aquí hasta que termines.

Y, sin saberlo, como ofrenda compensatoria, mi abuela me hizo el mejor regalo del mundo: una libreta y un bolígrafo de la tienda del museo. Aún recuerdo la libreta, de hojas negras y en la portada una estrellita de mar naranja. Y con tinta lila de purpurina puse la primera frase de mi primer diario: «Estoy enfadada, sentada en el Museo de Cerámica. La abuela me ha traído porque ella quería venir. Me puede obligar a estar aquí pero no a ver el museo».

Sentada con las piernas colgando en el banco de madera, esperando que el infierno ceramista terminara, empecé a escribir el primer diario de las decenas que he llenado. Una herramienta que me acompaña aún en los momentos en los que los sentimientos se me embotellan dentro y la única manera de sacarlos es ponerlos en papel.

La escritura terapéutica me ha convertido en diarista y ha impulsado mi crecimiento personal, permitiéndome explorar a fondo los elementos que me definen.

Escribir mi historia cotidiana en el diario, para mí, o en el Substack Sinvergüenza[3] para ojos ajenos, aligera el peso de la emoción

---

3. Substack Sinvergüenza: https://meritxellgarcia.substack.com/s/comunidad-sinverguenzas

que hierve incandescente y, cuando descargo en mi diario, puedo situarme en el papel de observadora: así logro ver la situación desde fuera, sin revivir la experiencia emocional, lo que me permite ser objetiva y volver a colocarme a mí misma en el centro de la situación.

La mejor herramienta que me dio mi abuela Filo, sin ni siquiera saberlo, fue la escritura. ¡Viva el Museo de Cerámica!

Ha caído el muro

No es hasta ahora que el muro de la vergüenza ha caído. Siento pudor al reconocer que no es solo fruto de mi trabajo personal, sino que tener una pareja al lado, que me quiere en toda la sinfonía de humanidad imperfecta que me caracteriza, ha hecho que el sentimiento se disuelva.

Quizás me hacía falta un compañero de vida para aprender a observar el muro, palparlo y transformarlo en una persiana que se puede subir y bajar según convenga. Quien mejor percibe la existencia del muro es quien lo toca, desde fuera, y parece impenetrable, sin una rendija por donde dejar pasar la luz. Y él lo veía y me lo hacía notar. Me lo hacía saber.

No hay vergüenza en un espacio seguro. No existe, no tiene sentido. No hay miedo a que el otro vea quién eres. No hay apego a la idea de que el otro pueda descubrir algo que le haga salir corriendo en dirección contraria.

Es una suerte —y una ayuda inestimable que hasta ahora no había tenido— contar con alguien que te espera con los brazos abiertos al otro lado del muro, que te ayuda a quitar los escombros y que se da cuenta cuando colocas un solo ladrillo.

El amor tiene un poder transformador, y que alguien te lama las heridas supone un acto de vulnerabilidad. No es poco el coraje y la valentía que requiere dejarte amar cuando tú aún no amas las cicatrices invisibles.

Y desde la vulnerabilidad te puedo decir que no hay texto más valiente que haya escrito hasta ahora que este.

Todos los grupos de *rock* en los que no canté, las veces que me escondí en una página, la construcción del muro de la vergüenza y los sentimientos que afloran no son fáciles de poner en papel.

Por mucho que el muro haya caído, siempre hay una vocecita interior que dice: «¿A quién le importará tu vergüenza, por qué deberías escribir un libro sobre esto, si no sabes lo suficiente, no has hecho una investigación? No es suficiente contar tus batallitas de vida…».

La diferencia está en que ahora escucho esa voz y le digo: «Te escucho, te entiendo, pero no te creo».

Elijo la vulnerabilidad. Elijo compartir. Sé lo que se sufre dentro del muro, y sé que no es obvio cómo salir de él.

En la novela *La ciudad y sus muros inciertos*[4], de Haruki Murakami, un joven llega a una ciudad amurallada en busca de una chica misteriosa. Es una urbe onírica y cerrada al mundo. La ciudad funciona como metáfora de un espacio bello en el que, para estar a salvo, hay que renunciar a partes de uno mismo. La novela trata la identidad fragmentada, la duplicidad del «yo», memoria y pérdida, y la pregunta de si el amor puede atravesar mundos y sobrevivir al olvido. El protagonista debe decidir qué sacrificar para recuperar aquello que cree haber perdido. Al igual que en la novela de Murakami, yo me he sentido una habitante de esa urbe imaginaria. Nadie sabe

---

4. Haruki Murakami, *La ciudad y sus muros inciertos*, Tusquets, 2024.

cómo se llega a la ciudad ni cómo se sale de ella. El que lo consigue es capaz de superar su sombra, conocerse y formar su identidad con las partes renegadas de uno mismo para adentrarse en lo desconocido, y salir airoso al otro lado del muro.

4

LA VERGÜENZA Y YO

«Sacar a la luz la intimidad.»

Me gustaría decirte que he superado la vergüenza, que ya no la tengo, que no tiene espacio en mi vida. No quiero mentirte: está ahí, siempre. En realidad, he aprendido a vivir con ella y mantener una relación saludable. Y lo positivo es que ahora no me impide ser quien soy. Consciente de mi herida de rechazo y de vergüenza, soy capaz de sentir el agujero negro en el estómago, el freno que no me deja ser yo misma. Por tanto, solo puedo aceptar que la vergüenza está ahí y seguir adelante, conectando con mi esencia sin que su presencia me paralice.

Asumo que no se irá, pero ahora ya no es ella quien determina si me muestro auténtica en el día a día. No evito el dolor de sentirla, y aceptarla ha sido el mejor regalo: me ha permitido ser yo misma con mis imperfecciones.

La siento: el garrote de la autoestima

En una vida marcada por la vergüenza, inevitablemente se ha forjado un garrote que golpea mi autoestima. El sentimiento de apuro se apodera de mí. Mi cuerpo empieza a pesar como si llevara una bola de hierro atada a los tobillos. Por mucho que intento avanzar, el camino se hace pesado, lento y difícil.

Es ahora cuando soy capaz de mirarme los pies y, cuanto más miro la vergüenza y la entiendo como parte de mí, más pequeña se hace la bola de hierro, hasta que desaparece. Con la mirada amable, sin huir de ella, con amor y siendo consciente de que ese peso no se ha formado en un día y que para ir deshaciéndolo tengo que sentir.

El otro día la sentí con fuerza. La maternidad te confronta constantemente con las cajas de Pandora internas que no quieres abrir. Mi hija Lluna estaba en plena rabieta, se quería cambiar de ropa y no entraba en razón, como es natural a su edad. Me sentía desafiada, pequeña e intranquila.

Cuando creía que empezaba a controlar la situación, mi hija se hizo pis encima de mí: vi los regueros por sus pantalones y un charco en mi pierna y en la alfombra de su habitación. En ese momento estuve a punto de perder los papeles. Me levanté de un salto y le dije:

—Si te has hecho pis para cambiarte de ropa buscaremos los pantalones más feos y más incómodos que haya en el armario.

Al pronunciar estas palabras me sentí mal conmigo misma. Experimenté una vergüenza profunda por lo que acababa de decir. Me vi como una mala madre, una mala persona. No lo había hecho bien y tenía el pecho encogido, a la vez que me hervía la sangre.

Le dije:

—Lluna, mamá te quiere. Ahora necesito centrarme. Mamá va a tranquilizarse y volverá contigo.

Tuve que pedir ayuda, me costó, pero la pedí. Me sentía inadecuada. Con la vergüenza de no poder más y con el corazón en la mano, le dije a mi pareja:

—Necesito que te encargues de Lluna ahora. Necesito respirar.

Salí al jardín con las manos temblando, saqué un cigarrillo que se me escurría entre los dedos y con movimientos rápidos me lo puse en los labios para intentar tranquilizar mi respiración. Fue un intento fallido.

Por la tarde, cuando nos habíamos calmado todos, o eso parecía, mi pareja me dijo:

—No es culpa tuya, eres humana. No siempre puedes reaccionar de manera tranquila y civilizada.

Empecé a llorar como si él hubiera visto la bola de hierro que llevaba todo un día arrastrando y, escondida en sus brazos, pude volver a sentir cómo el peso se aligeraba hasta que solo quedó la resaca de un sentimiento escondido que había estado evitando.

La pienso: pensamientos intrusivos

El discurso mental puede ser muy hiriente. Cuando entro en un bucle de pensamientos, me digo que soy incapaz, que lo he hecho mal, que no sé lo suficiente. El discurso sigue: ser yo no es una opción. Intento complacer, agradar, ser aquello que los demás quieren que sea.

Me desconecto de mí misma e, inevitablemente, después llega el arrepentimiento. Y repaso una y otra vez lo que tenía que decir o hacer y fui incapaz de sacar.

Cuantas más opciones pienso, más acertada me parece la escena que creo en la pantalla de mi cabeza que en la realidad. Se trata de una película perfecta, digna de Hollywood, de alto presupuesto. Es incluso mejor que la escena real. La comparación me frustra, me hundo y me entristece pensar que no he sido capaz, que he fallado.

Me cuesta perdonarme, asumir que soy imperfecta. A veces me equivoco y puedo no estar orgullosa de lo que digo o hago, y, aun así, quererme igualmente.

Me recuerdo a mí misma que la parálisis es la capacidad perdida de sentir el cuerpo, de habitarlo, y desconectar de los sentimientos que hacen cola para salir. Y es entonces, en el bloqueo, en los segundos que parecen horas, cuando digo y hago lo que no quiero; cuando consigo detenerme, notar la alarma del cuerpo y decir en voz alta: «Esto no me ha gustado» o «Hay algo que no noto bien». Al pronunciar estas palabras, me doy el espacio necesario y la verdad florece sin esfuerzo. Y entonces sí puedo hacer y decir lo que pienso y siento, el cuerpo, el corazón y la cabeza funcionan en sintonía.

No siempre me lo permito. En muchas ocasiones, cuando aparece el error, cojo el látigo de la palabra y me flagelo.

He aprendido a volver al equilibrio pensando que me equivocaré y que el error no me aleja más de la meta, sino todo lo contrario. Crecer es un camino circular, pero por mucho que parezca que regreso al punto de partida, no es así: vuelvo al mismo espacio siendo una persona diferente, abrazando que el cambio viene de equivocarse.

La veo: rubor espontáneo

La vergüenza se ve más allá de la piel. Nos ponemos rojos, sudamos, el cuerpo se tensa y en cada fibra hay una contracción, una mala postura. Queremos escondernos, volvernos invisibles, quisiéramos que se abriera una grieta en el suelo para ser absorbidos y desaparecer para no tener que afrontar un momento vergonzoso. A falta de una fisura por la que escapar, nuestro cuerpo hace un intento desesperado por volverse pequeño. Está preparado para desaparecer, para huir. La sangre recorre las venas y la adrenalina prepara las piernas para correr.

La misma demostración de vergüenza la hace vergonzosa en sí misma. Por si no fuera suficiente tener que sentir el agujero negro en el estómago y la lentitud de esos minutos en los que las agujas del reloj no se mueven, solo falta que las mejillas te delaten con un rubor espontáneo.

Más aún cuando hay alguien con el dedo levantado que señala tu sonrojo, que no solo lo ve, sino que pone tu vergüenza en primer plano. Es como si un foco te iluminara la cara en medio de un interrogatorio. Te sientes el centro de atención, todo el mundo te mira, o así lo sientes.

Empiezas a sudar, los círculos de miedo bajo las axilas se hacen visibles e incluso eres capaz de oler tu vergüenza. Pides a una fuerza superior que solo tú puedas percibirla y que una ceguera momentánea haga desaparecer tus mejillas de cereza.

Sentir vergüenza de una misma no es una tarea sencilla, es de valientes. A veces nos parece más fácil sufrirla en silencio, en el anonimato, en el desierto, donde nadie pueda vernos. Porque cuando la respuesta física en la piel la hace visible, una segunda vergüenza queda al descubierto: sentimos vergüenza de la misma vergüenza, en público, con mil ojos clavándose en nuestra nuca.

No siempre va mal: la regulación social y el autoconocimiento

Está claro que la vergüenza es una emoción que llega a través del contacto con los demás y que nos motiva a comportarnos según las normas sociales y la moralidad no escrita por la que la mayoría se rige.

El manual de instrucciones de cómo funcionan nunca nos lo pasan. Al menos a mí no me lo mostraron, por lo que me he sentido muy perdida a la hora de entender lo que es correcto o no a ojos de los demás. Como la investigadora incansable que soy, he estudiado la empatía y la alta sensibilidad para entenderme y para entender a los demás.

Mis neurodivergencias no me permiten compartir las normas sociales no escritas, pero me las he aprendido de memoria. Tengo la certeza interna de que la alta sensibilidad es solo la etiqueta simpática de esta variación en la forma de procesar que tiene mi cerebro. Tras estudiar e investigar, me considero una persona autista con déficit de atención (AUDHD)[5], altamente sensible, de altas capacidades y disléxica.

No hay combinación más potente de rareza neuroatípica para sentir la vergüenza más profunda. Mi cerebro funciona diferente y conecta de otra manera, por lo que siempre he visto la diferencia como una inadecuación: es la confirmación de que ser como soy no se suele aceptar.

No soporto las conversaciones de ascensor, hablar del tiempo o las nimiedades; necesito tratar temas profundos y, si es uno que encaja con alguno de mis intereses, puedo hablar durante horas.

En esta aventura de encajar y ser una más, he aprendido a modular la voz hasta tal punto que parezco alística[6] de manual, es decir, sin rasgos autistas. Un *masking* perfecto. He aprendido empatía para conectar con el otro genuinamente a través de protocolos. Me sé

---

5. AUDHD: acrónimo que se refiere a la concurrencia de autismo y trastorno por déficit de atención e hiperactividad (TDAH). La abreviación se utiliza para describir a personas que presentan características y diagnósticos de ambos neurotipos.
6. Alístico: es un término utilizado para diferenciar a las personas no autistas de las personas dentro del espectro autista.

las normas: escuchar, entender y controlar los monos mentales[7] que tengo en la cabeza y que cambian de tema y desenfocan la atención.

Mi cerebro funciona a su manera, así que todo aquello que la mayoría de la gente encuentra obvio, a mí se me escapa. Siempre he tenido mucha conciencia de mí misma, de mis acciones y su impacto. Y no hay sentimiento más difícil de digerir que encontrarte una mirada de incomprensión, de juicio, de rechazo a lo que haces y dices. Para mí, eso se traduce en un rechazo a cómo y quién soy.

Supongo que, para la mayoría, las normas sociales son evidentes. Para mí no, y estoy segura de que para muchas personas tampoco, ya sea porque no las distinguen o porque simplemente quieren crear sus propias normas.

Sentir que tú eres la única que juega al póker mientras todo el mundo tiene cartas de *blackjack* es confuso y no ayuda a pertenecer a un grupo.

Por otro lado, está claro que interactuar con otras personas requiere un mínimo de normas sociales para evitar situaciones incómodas. En nuestra cultura, no está bien visto decir una palabra fuera de lugar, poner los pies en la mesa, comer con las manos o salir en pijama o en bikini a la calle.

¿Qué pasa, sin embargo, cuando muchas de estas normas están caducadas? ¿Debemos seguir aplicándolas?

Yo siempre bailo en los andenes, da igual si es el del metro o del tren. Ponme un andén, mis auriculares de cancelación de ruido y me siento en una pista de baile sin fin. Hago bromas que nadie

7. Los «monos mentales» (o «monos en la cabeza») es una metáfora que se utiliza para describir la dificultad de concentración y la hiperactividad mental que suelen experimentar las personas con TDAH. No es un término clínico oficial, pero es una forma visual y accesible de entender un aspecto clave del trastorno por déficit de atención e hiperactividad.

entiende y no entiendo la mayoría, aunque con una sonrisa hago ver que sí.

Decido vivir auténticamente con mis rarezas e imperfecciones, y si hay alguien que me juzga sin conocerme y me encuentro con una mirada de rechazo, respiro, siento la inadecuación y sigo mi camino hacia compartir con personas que aman mi yo auténtico.

Ya no me hace falta convencer a nadie ni hacerme pequeña para agradar. Que te vaya bonito, que yo no dejaré de ser quien soy para que tú te sientas cómodo. La comodidad debe ser mía.

5

EL PASEO DE LA VERGÜENZA

«Voy a mi máquina de escribir como podría ir a mi ametralladora.»
SUSAN SONTAG

Juego de tronos y la vida real

En la serie *Juego de tronos*, Cersei Lannister, la reina madre, es condenada por orden religiosa de la Fe Militante a realizar un «paseo de expiación»,[8] un paseo de la vergüenza por sus pecados confesados de adulterio.

En uno de los episodios, hace un largo recorrido desde el Gran Septo de Baelor hasta el Castillo Rojo. Lannister siempre luce una melena rubia espléndida, pero cuando la preparan para el paseo de la vergüenza se la quitan a tijeretazos, dejándole el pelo muy corto. Después la desnudan completamente y la presentan ante la multitud con el cuerpo al descubierto e indefensa. De reina intocable pasa a ser una mortal expuesta como una plebeya.

---

8. *Juego de tronos*, temporada 5, episodio 10: *Cersei's Walk of Atonement* (HBO).

Curiosamente, este castigo no es una invención de la serie. El de Jane Shore, una de las amantes del rey Eduardo IV de Inglaterra, fue similar: también la forzaron a caminar por las calles de Londres en penitencia.

Cuando la vergüenza hace acto de presencia en mi vida, me siento exactamente como Cersei: despojada ante el mundo, desterrada de mi identidad, maltratada y expuesta sin piedad. Camino desnuda con los pies descalzos, tropezando con el miedo y el rechazo. Una voz interior toca una campana mientras grita: «¡Vergüenza! ¡Vergüenza!».

Esa voz la siento ajena, pero viene de dentro de mí. Una voz que se creó en la infancia: «Contrólate», «No expreses», «No seas tú», «No eres adecuada», «No te querrán», «No digas, no hagas». Esa voz me bombardea con dudas e inseguridades. Y, con ella, he construido un muro más alto que el Castillo Rojo para protegerme.

El paseo de la vergüenza no es físico, es emocional. Nadie me corta el pelo, ni estoy despojada de mi ropa, pero en cada expresión de un sentimiento profundo, cuando me muestro tal como soy, me siento igual de vulnerable.

Camino desnuda por las calles de la vulnerabilidad, expuesta a miradas y juicios, reales o imaginarios. Veo las caras de burla, las risas sarcásticas y cómo me lanzan comida y basura en forma de reproches, juicios o expresiones de desprecio. Las miradas, los gestos y el movimiento de sus cuerpos los siento como una agresión física, una penetración en el espacio más íntimo de quien soy.

Pero ni por un momento se me ocurre taparme, salir del paseo de la vergüenza. Tengo los pies pegados al suelo con una parálisis tal que solo me deja avanzar en procesión para recibir la mirada del otro. Mi lucha está en seguir caminando, seguir expresando y siendo auténtica a pesar de las campanas de vergüenza que resuenan en mi cabeza. Al final del paseo es donde está la posibilidad real de ser quienes somos. Las estructuras de la vergüenza deben caer para que podamos construir una nueva manera de relacionarnos con nuestros sentimientos y con los de los demás. La vergüenza es como el trono de hierro: si no aprendemos a sentarnos correctamente, podemos cortarnos. Aprender a vivir con nuestra vulnerabilidad es hacer del paseo de la vergüenza un camino hacia la autenticidad.

Al final del camino de expiación, descubro que la multitud que tanto temía no era tan terrible. Las voces que me juzgan son más débiles de lo que pensaba y yo soy más fuerte de lo que creía. Como dijo Cersei: «Puedes romperle todos los huesos, pero si queda uno, lo reparará». La fuerza reside precisamente en no escondernos. Tomar el impulso para atravesarla con dignidad hasta el final del camino. Hay algo más valioso que el orgullo y tener razón: la libertad de ser una misma.

Creer que el problema eres tú

Las antenas sensibles me crecieron muy pronto para protegerme del mundo y de la realidad que no podía cambiar. Podía prever el futuro —o eso creía—, que intentaba controlar con todas mis fuerzas.

Con cinco años vi por primera vez una película de Semana Santa. Dios le pedía a Abraham que matara a su hijo y, con una profunda tristeza, le dije a mi madre:

—Mamá, Dios es malo. Le ha dicho que mate a su hijo, eso no está bien.

Me aturdía ver el sufrimiento y la desesperación de Cenicienta cuando sus hermanastras le rompían el vestido o tener que pasar la escena en la que la madre de Bambi muere. Supongo que la sensibilidad que me caracteriza se escondió a base de vivir experiencias donde la anticipación era clave para sufrir menos. Evitar sentir era mi opción predilecta, y por ello buscaba una solución desde la mente.

Detrás de la sensibilidad se escondía una fuerza creativa que nació para protegerme del mundo y me ha costado décadas sacudirme el miedo para dejarla salir.

Cuando sientes tan profundamente, huir y desconectar son los primeros mecanismos de defensa que se instalan en tu sistema. Sabía que sufría, que los sentimientos me desbordaban. Entendí rápidamente que debía esconder mi sensibilidad a los ojos del mundo. Quizás, si la hacía invisible para los demás, no me afectaría tanto, no sentiría tanto. Con los años, fui desenterrando la sensibilidad, pero después de tanto tiempo guardada, no conseguí sacar de nuevo a la niña que lloraba con el vestido roto de Cenicienta.

Entendí la alta sensibilidad intelectualmente, la estudié, y conecté con la causa, las consecuencias y el camino para llevarla a la luz, hasta compartirlo escribiendo *El arte de la empatía* y *La fuerza de ser altamente sensible*.

No es hasta ahora que acepto plenamente la sensibilidad como fuente de creación; que el sentimiento me lleve por caminos inexplorados y, desde el cuerpo y la emoción, vivir las experiencias con todo el espectro de matices.

He creído durante demasiado tiempo que el problema era yo. Si miras a tu alrededor, siempre hay miles de razones para pertenecer a la norma, a la sociedad, y ahora me dedico a desmontar esa creencia. No me sirve, no me representa y quiero desinstalarla.

Pero el problema no soy yo, por más que haya creído discursos ajenos y los haya hecho míos. Lo que duele no es la mala palabra del otro, la crítica, ni siquiera el rechazo mostrado. Duele el discurso ajeno. Se aferra a la herida, a las palabras que yo también tengo en mi cabeza y, al escucharlo con las orejas en boca de otro, la voz interna toma más fuerza y me destruye desde dentro.

Deshacer las estructuras internas que te han permitido caminar por la vida con seguridad implica crear otras nuevas de entre los escombros. Y eso es algo que hay que hacer en el desamparo, la incertidumbre y la inseguridad de no saber cuál es el nuevo sistema ni cómo funciona.

Ahora me permito equivocarme. Tengo paciencia y autoempatía[9] y soy consciente de que mi única tarea es ser yo misma. Sé que no lo sé todo, que cometo errores, que hay días difíciles, que sentir mis emociones es la brújula que me guía. Y, a la luz de una nueva mañana, vuelvo a empezar.

La culpa: la amiga cuqui de la vergüenza

Los sentimientos siempre han vivido un viaje particular dentro de mí: del estómago a la cabeza, sin paradas intermedias. Desde pequeña, aprendí a intelectualizarlos, a convertirlos en pensamientos antes de que pudieran manifestarse como emociones. Era mi estrategia de supervivencia, la manera de ahorrarme el dolor. Nadie me había advertido, sin embargo, que huir del sentimiento solo lleva a un bucle mental interminable: la repetición constante de escenas, la proyección de culpas, las conversaciones imaginarias que nunca resuelven nada.

La semilla de esta estrategia se plantó durante mi infancia. Recuerdo con nitidez aquel día que quería dibujar una F perfecta, idéntica a las que veía en los libros de imprenta. La frustración me

---

9. Autoempatía: capacidad de conectar con las propias emociones y necesidades con comprensión y aceptación, sin juicio ni autocrítica. Implica tratarse a una misma con la misma amabilidad, compasión y respeto que se mostraría a un amigo o ser querido que está pasando por un momento difícil.

llevó a las lágrimas; ninguno de mis intentos se parecía a la imagen que tenía en la cabeza. Fue entonces cuando mi madre me ofreció esa metáfora que me acompañaría siempre:

—Txell, cuando sentimos, nos metemos en un pozo y, a veces, cuesta salir. Cuando entres en uno de ellos, tienes que saber parar para no bajar demasiado y quedarte atrapada.

Pero en lugar de aprender a gestionar la profundidad del pozo, encontré un atajo: esquivarlo completamente. Mis sentimientos empezaron a hacer un viaje directo hacia el cerebro, donde se transformaban en soluciones racionales que me evitaban sentir. ¿El resultado? Mi expresión emocional se convirtió en un discurso monótono, sin vida, sin manifestación facial.

Ahora, sin embargo, la escena está cambiando. Lo descubrí el día que visité a mi madre. Al abrir la puerta, Lilit, su gato —que antes era mío—, me recibió con un bufido cargado de hostilidad, rechazándome de su territorio. Me quedé paralizada, acurrucada contra la puerta del pasillo.

Ese gato significa mucho para mí. Lo recogí cuando era solo un cachorro; se sentaba en mi teclado mientras escribía y dormía en mi cama, noche tras noche. Lo he cuidado, lo he llevado al veterinario, me ha acompañado en momentos cruciales: separaciones, cambios vitales. Y ahora, desde que soy madre y vivo en otra casa, me rechaza completamente. Con mi hija y mi madre no tiene ningún problema, pero la relación conmigo ha cambiado.

El rechazo me paraliza. Es entonces cuando activo mi mecanismo de defensa, que consiste en encerrar los sentimientos en una caja hermética y enviarlos directamente a la cabeza, buscando soluciones racionales para no sentir. La primera vez que intenté hablar de ello con mi madre, su respuesta fue contundente:

—Ahora no estoy preparada para tener esta conversación.

Días después, reuní el coraje necesario:

—Quiero hablar sobre Lilit.

—No me siento preparada para hablar de esto.

—Dame una oportunidad, te prometo que no será una charla mental, fría y distante.

—Está bien, te escucho.

Me preparé para abrir esa caja de sentimientos que tanto me costaba destapar:

—Mamá, yo al gato lo quiero. Lo crie desde pequeño, lo he cuidado, ha estado a mi lado en los momentos más difíciles. Me duele que me ataque, me duele que me vea como una amenaza. Tengo miedo de que nos pueda hacer daño, a mí, a la niña o a cualquiera. No quiero que nos deshagamos de él, pero necesitamos encontrar una solución.

Al pronunciar estas palabras sentí un alivio profundo, orgullosa de haber podido expresar el amor y la preocupación sin esconderme tras la racionalidad. Pero entonces mi madre empezó a ponerse roja.

—No puedo tragar —dijo.

Vi cómo el músculo de su garganta se esforzaba por tragar saliva sin éxito. Asustada, le tomé la mano:

—Tranquila, mamá. Respira.

El orgullo de haber afrontado una conversación emocionalmente difícil se desvaneció en segundos y se transformó en culpa.

El bucle mental era imparable. «No debería haber expresado mis sentimientos», pensé. No estaba preparada, me lo dijo y no hice caso. Le había provocado un ataque de pánico.

Recuperada mi madre del susto y cuando ya respiraba tranquila, fuera de peligro, me agradeció la honestidad emocional de la conversación. Con un sabor agridulce, entre un logro conseguido y una derrota, me fui a casa con un peso en el estómago.

Desde pequeña, expresar mis sentimientos me ha parecido una amenaza para mi seguridad y la de los demás. El ataque de pánico de mi madre me devolvió a esa mezcla familiar de vergüenza, culpa, rechazo e inadecuación. Un cóctel de cianuro que he ido bebiendo a sorbos pequeños a lo largo de los años; no mata, pero envenena el alma.

Necesité escuchar cinco veces de boca de mi pareja «No es culpa tuya» antes de que las lágrimas pudieran finalmente salir. Con la resaca emocional, no había tenido tiempo de procesar el miedo real.

Mi madre había sobrevivido a un ictus en 2015, cuando la mayoría no lo habría conseguido. Aquella mujer valiente y positiva había hecho un camino imposible de recuperación, pasando de no poder ni tragar ni caminar a volver a la vida.

Cuando la vi luchar de nuevo por tragar, me transporté a aquellas tardes interminables en el hospital, dándole gelatina, lo único que podía ingerir. Un pensamiento terrible me cruzó la mente: «Vas a matar a tu madre si expresas tus sentimientos».

Por absurdo que parezca, en momentos como esos la Meritxell adulta se desvanece y vuelvo a ser aquella niña de cinco años a la que los adultos mandan callar. Aquella niña a la que le dicen que no moleste, que se vaya a jugar, que con el silencio mamá podrá volver a tragar y sobrevivir.

Vivo en esta contradicción constante. No quiero volver a encerrar los sentimientos en una caja, pero tengo que aceptar que no todo el mundo está preparado para recibirlos. Lo sé de sobra, he estado treinta y seis años al otro lado, evitando sentimientos ajenos. Pero eso no significa que tenga que volver al punto de partida. El camino continúa, y quizás la clave es encontrar el equilibrio entre expresar y contener, entre sentir y proteger, entre avanzar y respetar los tiempos de los demás.

La culpa y el rechazo se sientan a hablar

Me ha costado treinta y seis años entender a mi madre. Hoy he tenido una conversación sanadora con ella, una de muchas, y tengo la esperanza de que juntas rompamos un linaje familiar de mujeres que no se han entendido. Esta historia no empezó conmigo ni con mi madre, sino que viene de lejos. La vergüenza, la culpa y la mirada del otro nos aprietan desde hace siglos en la saga familiar.

Una mujer valiente en tiempos difíciles

Mi bisabuela Carmen nació en 1912. Fue una mujer valiente nacida en la República que, como pudo, sacó adelante a sus cinco hijos y perdió otros cinco por el camino.

En un silencio familiar sepulcral, casi no se ha hablado de las pérdidas, de los abortos involuntarios, de las muertes de esos niños que forman parte del árbol familiar pero no están entre nosotros. En la familia solo se ha oído hablar de un niño que llegó a nacer y que se llamaba Alejandro. El pequeño tenía robado el corazón de quien lo conoció, con unos ojos azul cielo penetrante, pero no llegó al año de vida.

Somos las descendientes que sucedieron a Alejandro. Mi abuela Filomena fue la primera niña que sobrevivió. Y con Filo inauguramos una saga de ojos azules. Somos las únicas en la familia con ese color tan penetrante: la abuela Filo, mi madre, yo y mi hija Lluna. Quién sabe si hubiéramos seguido la saga de ojos azules con mi hijo Teseu, mi hijo no nacido, cuando Lluna tenía apenas nueve meses. En la pérdida, pude romper el silencio y vivir el duelo acompañada, dándole un espacio, honrando su nombre y el vínculo que le corresponde en nuestro árbol familiar.

Cada 20 de noviembre celebramos su vida, el aniversario del día que se fue. El hermano pequeño de Lluna que no tenemos corriendo por el pasillo de casa, pero que siempre estará en nuestro corazón.

Honrar, nombrar, expresar y dar voz a lo invisible ha sido un paso hacia adelante en nuestra historia familiar.

Por vergüenza, el dolor queda dentro. Si la barriga no se ve, es como si ese hijo no hubiera existido. Una madre sabe cuándo le inunda la vida y cuándo se va de sus entrañas. Decirlo en voz alta da lugar al duelo y al espacio en la familia que se merece. Si el corazón honra su sentimiento, el cuerpo se permite dejar ir.

La libertad truncada

Mi bisabuela Carmen fue pescadera y, ya jubilada del puesto que tenía en la plaza del Fossar de les Moreres de Barcelona, pero aún con suficiente salud física para caminar, salía de paseo por el antiguo Rec Comtal, en el barrio del Born. Toda la vida he oído decir que mi bisabuela Carmen se escapaba de casa en las noches de verbena saltando por los tejados para huir de la jaula establecida por su familia y la sociedad. Quería encontrar la libertad.

Siempre fue esa mujer fuerte y valiente que sobrevivió a una guerra y posguerra. Con pocos recursos y mucha voluntad, sacó adelante a una familia con siete bocas que alimentar. Luchó por conseguir pan en la cola del racionamiento —un pan que era la única salida al hambre y se guardaba para las gentes pudientes que podían pagarlo fuera de las cartillas— y se amotinó con la masa silenciosa en el estraperlo.

Mi bisabuela, mis abuelos y mi madre, vivían en un pisito diminuto de 27 metros cuadrados de escalera de caracol donde la libertad truncada se palpaba en las paredes. Carmen intentó miles de veces salir de la jaula.

Cuando mi madre era una mujer joven que aún no se había emancipado y vivía en la misma casa, se solía encontrar a su abuela en la tasca del barrio. Una taberna de la calle Montcada llamada El Xampanyet, más conocida como «Los siete machos», por los siete hermanos que regentaban el local mítico del Born barcelonés.

Años más tarde, mi abuela Filomena decidió que Carmen debía ponerse a dieta. Pero esta era indomable y, tal como había saltado por los tejados de joven, bajaba la escalera de caracol y se encaminaba a llenarse la tripa de anchoas, aceitunas y fuet cortado finito en la taberna.

Cuando murió su marido, al cabo de un tiempo empezó a salir con el señor Joaquim, un hombre del barrio con quien tuvo una relación amorosa. Pero esta vez los límites de lo correcto los pusieron sus hijas. Mujeres hechas de una educación de dictadura que se encargaron de recolocar los barrotes a una mujer que anhelaba de nuevo la libertad.

La abuela no asomó la cabeza fuera de la jaula

Mi abuela Filomena no creo que nunca hubiera intentado salir de la jaula con firmeza. Se casó con mi abuelo que, de cara a la galería, era un hombre atento, que se encargaba de tareas de la casa en una época en que no era habitual. A puerta cerrada, le minaba la autoestima y se desentendía de la organización de la vida y la economía familiares.

En mi casa, la perfección nos ha acompañado desde que tengo uso de razón. Aún recuerdo una Navidad en la que mi abuelo quiso regalar a toda la familia una bota de cerámica pintada por mí. Compró diez botas y me corrigió hasta la última línea de pintura, lo que convirtió aquel juego en una obligación.

Así se desvaneció la diversión, la creatividad y el arte que llevaba dentro, a base de pinceladas forzadas. Las botas no eran para mí ni para pasarlo bien, sino para lucir nieta. Aún guardo aquella bota, y ahora la veo como un trofeo de resiliencia que decora mi despacho.

Me convertí en perfecta para salir lo más rápido posible del rechazo. En cuanto percibía que mis actos, palabras y emociones no alcanzaban lo esperado, rápidamente ansiaba la aprobación y el reconocimiento externo. Me comportaba como se esperaba de mí, ocultando mi autenticidad.

Con una versión descafeinada de mí misma podía moverme por el mundo sintiendo un poco menos de rechazo. O eso me ha parecido hasta ahora. A pesar de los intentos incansables por encontrar un freno al dolor, este siempre surge y vuelve con fuerza. Cuando ha acabado de golpearme, es cuando mi mente se encarga de revivir minuto a minuto la escena.

El dolor no se va, solo se adormece, hiberna en las entrañas. Ignorarlo y sentirlo lo menos posible ha sido mi estrategia para superarlo.

Soy consciente de la amenaza que siento con el rechazo. Respiro aliviada sabiendo que sentir no es una amenaza. Si un comentario me toca la herida, sangro. Y no es una lesión nueva, sino una herida antigua, abierta, que no cierra.

Mi madre

El padre de mi madre, Josep, hizo mediante la crítica y la corrección a una joven perfeccionista. La perfección es el escudo para no sentir la culpabilidad que te acompaña cuando crees que el corazón duele solo por ser.

Cuando era pequeña, mi madre, Montse, tenía que entregar una lámina para la clase de dibujo artístico. Mi abuelo, a su lado, sin tocar el papel, se pasó horas guiando los retoques.

—Esa línea, más a la izquierda. Borra aquí. Más a la derecha.

La lámina quedó tan perfecta que en la escuela no se creyeron que la hubiera hecho mi madre y llamaron a sus padres para pedir que no le hicieran los deberes.

Una vergüenza de manual, de inadecuación. Mi madre se encogió de hombros, sabiendo que había hecho ella el dibujo con miles de instrucciones de su padre, pero no pudo ser perfecta para la escuela. Solo para su padre.

Su dibujo original, a ojos de mi abuelo, no era digno de ser presentado. Y la perfección llegó para quedarse en nuestra saga de ojos azules.

Construir la relación madre-hija

Con mi madre tengo una buena relación, hablamos abiertamente, nos apoyamos y hemos vivido separaciones, mudanzas y cambios de vida juntas. Aun con una relación honesta y sincera, cuando era pequeña me sorprendía que nunca pidiera perdón. Ni a mí ni a nadie.

El error y el arrepentimiento no se verbalizaban. El error no existía si no se comunicaba en palabras. Mi madre se dedicaba a justificar su comportamiento una y otra vez hasta que los oídos que la escuchaban pudieran entender sus porqués y ella pudiera deshacerse de la culpa que la acechaba tan deprisa como fuera posible.

Ahora lo entiendo.

Conecto con aquella niña a la que no dejaron ser ella misma, la corrigieron y la apretaron para no permitirse el error. El error no puede existir. Y el perdón es la evidencia de la derrota.

Hace unos días le pedí a mi madre que leyera estas mismas páginas que tienes entre manos con el objetivo de entenderme sin una posible réplica ni respuesta. Sin una justificación.

Me dijo que las leería para hoy, que teníamos un rato libre para charlar después de llevar a la niña a la escuela. Cuando me ha dicho que no las había leído, he sentido un rechazo inmediato. Me ha invadido la tristeza. Lo que es importante para mí no es importante para ella.

El hecho de no las lea resulta irrelevante. Es el rechazo que siento lo que duele. Que no es real, lo sé. Es mi herida abierta que se topa con la sal y el limón. Me recuerda que mi valor se diluye, es insignificante.

Al hablar nos hemos dado cuenta de que durante mucho tiempo he sentido rechazo. Solo quería que me entendiera y, muchas veces, en su justificación, yo encontraba un rechazo doble, agridulce. Y ella, en su convicción de huir de la culpa, encontraba en las explicaciones un somnífero para ese dolor que las dos compartimos.

Hemos llorado y nos hemos abrazado. Hemos entendido que las dos caminamos con una herida abierta que no éramos conscientes de tener, ni tampoco habíamos visto la de la otra de cerca. Ahora, entendiendo cómo nos relacionamos cada una desde nuestra herida, desde la consciencia, seremos capaces de decirlo en voz alta.

No solo me ha ocurrido con mi madre. Para evitar el rechazo, también me he quedado en relaciones de pareja que me hacían daño, he escondido bajo una piedra sentimientos, sueños y pensamientos que nunca he compartido. Cada una tiene los barrotes de su jaula hechos de diferentes materiales. Los míos son la vergüenza, el rechazo, la vulnerabilidad y el control. Y los de mi madre, la culpa, la perfección, la vulnerabilidad y el control.

Supongo que hay material que heredamos para construir los barrotes de nuestra jaula y es cosa nuestra deshacerlos poco a poco y emprender el vuelo de la libertad.

Las valientes del linaje

Las creencias, el linaje y las lealtades familiares son hilos invisibles que atraviesan generaciones y dan forma a nuestra manera de ser sin que seamos del todo consciente.

He crecido rodeada de frases hechas, de verdades absolutas y de silencios que, como una lluvia fina, han ido calando dentro de mí. Hay creencias que no he elegido, pero que he hecho mías por lealtad a la familia, por no romper el pacto implícito de pertenencia.

El linaje no es solo una sucesión de nombres y apellidos, sino también una herencia de maneras de mirar el mundo, de miedos, de esperanzas, de formas de amar y de callar.

Las lealtades me han llevado a repetir patrones, a proteger secretos y a cargar mochilas que no eran mías. Ahora, poco a poco, empiezo a ver que puedo honrar de dónde vengo sin renunciar a ser quien soy, y que romper con aquello que me pesa no es un acto de traición, sino un gesto de amor hacia mí y hacia las mujeres que vendrán después.

Vivo el hecho de crecer como un reconocimiento a las valientes que cuestionan, indagan y resignifican las experiencias vividas y alivian el linaje con su esfuerzo y evolución personal.

A través de las heridas cicatrizadas encontramos la brecha de la libertad.

Tengo un sueño

La decisión de ser escritora llegó a mi vida por serendipia. Me imaginaba un camino donde podría vivir de la escritura. Podía verme sentada en un despacho digno de Instagram y escribiendo aquello que me nace, lo que me toca el alma.

El primer latido de este corazón de escritora nació en México, en un viaje a Tulum, en el estado de Quintana Roo. Paraíso donde los haya.

Aún con las legañas puestas, en un apartamento en la playa, abrí un ojo y, girándome hacia mi pareja, todavía entre las sábanas, le dije levantando los brazos al cielo, desperezando el cuerpo e incorporándome en la cama:

—Quiero ser escritora.

Me miró con cara de sorpresa, con los ojos como platos, sin saber de dónde salía aquella idea repentina. Como una revelación al despertar, las primeras palabras que pronuncié dejaron de ser una simple expresión: era un sueño que no vino de la mente, sino de un lugar más profundo de mi ser.

Ya hacía meses que estaba estudiando mi curso de Coaching de Nutrición Integrativa en el Institute of Integrative Nutrition de Nueva York (IIN) y había un módulo avanzado gratuito que se llamaba: «Escribe el libro de tus sueños».

Sin saber muy bien qué estaba haciendo ni con qué finalidad, mucho antes de que el curso se cruzara en mi camino, había estado investigando sobre personas empáticas, altamente sensibles y narcisistas. Los dos extremos de la empatía, por defecto y por exceso.

Y empecé a escribir las reflexiones, aprendizajes e investigaciones que había realizado. Primero en una libreta, después me atreví a abrir un documento y crear un índice. En aquel libro, quería compartir la prueba y error de los recursos que estaba utilizando para entender e integrar la alta sensibilidad en mi vida.

Poco podía imaginar que un año más tarde estaría haciendo una presentación de mi primer libro: *El arte de la empatía*[10].

Como por arte de magia, haciendo *scroll* por Instagram, hice una captura de pantalla de la editorial Amat y una fuerza me empujó a enviar el manuscrito.

En la misma presentación del libro, mi editor explicó que el viernes antes de recibir mi manuscrito por correo electrónico habían hablado de la necesidad de hacer un título sobre empatía. Y el lunes siguiente les llegaba un *email* de una chica que había escrito ese libro que estaban esperando.

La ilusión me empujaba cada día a escribir. A las seis de la mañana, sentada en el despacho en el silencio del amanecer, escribía hasta que era hora de empezar la jornada laboral. Tenía mucho por aprender, correcciones, ampliaciones de capítulos…

Era la primera vez que entraba en el mundo editorial. No entendía nada. Tenía que hacer promoción, tener redes sociales y contratar a una publicista.

Recuerdo el primer día que vi mi libro impreso sobre la mesa de la editorial. Lo toqué con las puntas de los dedos y lo recorrí como quien mira a su bebé recién nacido.

Todo fue fácil, el viento soplaba a favor. Llegué a pensar que ese era el primer paso de una carrera literaria de éxito, que pronto podría dejar la silla de oficina por un despacho de escritora y la alegría y la felicidad que conlleva hacer aquello que está alineado.

Me imaginaba teniendo libertad creativa, escribiendo sin límites. Como yo lo llamo: «hacer horas de culo», el músculo más importante de un escritor.

---

10. Meritxell Garcia Roig, *El arte de la empatía*, Amat, 2019.

La realidad era otra. Supongo que si eres actriz quieres ser como Julia Roberts y seguramente bajas del podio de la fantasía de golpe al ver cómo funciona el mundo.

El mundo editorial no es exactamente lo que pensaba. No se trata de acompañar a autores en su camino y que su voz resuene. Ni de sacar diamantes en bruto, sino que consiste en vender. Y escribir es una pequeña parte del paisaje, ni siquiera la parte central.

Si no tienes miles de seguidores en Instagram y haces *reels* bailando por aquí y por allá, se considera que no puedes aportar una garantía de ventas. Y créeme que bailé delante de una cámara, haciendo gestos absurdos con música de fondo, enviando notas de prensa y haciendo entrevistas a diestro y siniestro. Siguiendo el patrón que estaba marcado. ¿Pero era así como yo quería vivir?

Querría volver a la época de los noventa, sin redes sociales para que a ningún autor pudieran pedirle un número de seguidores para escribir. Que el talento y tener una historia que contar fueran la carta de presentación.

Así que, para escribir, tienes que convertirte en una celebridad de la red, tienes que tener seguidores y no es suficiente tener talento, una buena idea o un libro bajo el brazo. De hecho, no es ni mucho menos la clave que abre la puerta de los contratos en las editoriales tradicionales.

Siento una vergüenza profunda por mi error, por haber pensado que era más fácil, por haber pensado que con esfuerzo y sacrificio las puertas del cielo de la escritura se abrirían.

Cuando envié mi primer manuscrito y la respuesta fue un «sí» rotundo, pensé que tenía un pie dentro. La primera decepción fue que, si quería promocionar el libro, tendría que sacar dinero de mi propio bolsillo. Me esforcé y trabajé duro haciendo malabares entre un trabajo de ocho horas y mi carrera de escritora, a la que me dedicaba en las horas disponibles. Me dijeron que era imposible conseguir que mi libro llegara a estar en las tiendas Natura. Llamando, enviando correos, lo conseguí. Mencionaba la tienda en mi primer libro y quería que estuviera en la estantería como un tributo a los sensibles que disfrutamos de los productos de esa tienda.

Con un libro publicado en las manos, pensé que el siguiente paso lógico era buscar un agente literario y abrirme a la posibilidad de que los contratos fueran con editoriales más grandes y proyectos por encargo. No conocía a nadie en el mundo editorial. A puerta fría, pues. Investigué y el siguiente paso lógico si quería dedicarme a escribir era encontrar un agente literario que me representara. Lo primero era hacer una propuesta editorial y lanzarme a la piscina de cabeza. Envié una propuesta y Sandra Bruna contestó. Después de un Zoom, el sentimiento era mutuo. Queríamos trabajar juntas y al correo llegó un contrato para ser autora de la agencia. Otro hito imposible.

Y vinieron más. En menos de seis meses, llegaron dos contratos a la mesa. Un contrato editorial con Penguin Random House, con *La fuerza de ser altamente sensible*[11], y otro con Galera para un cuento infantil sobre la empatía, *En tus zapatos*[12].

El sueño se fue desvaneciendo poco a poco. Después del tercer libro, un silencio de tres años me sumió en el vacío. La maternidad, la ausencia de contratos y huérfana de editorial porque esperaban más ventas para un libro de nicho que ya había hecho un buen recorrido.

No era suficiente. Otra decepción. Ser quien soy no es suficiente.

Me decía Sandra, mi agente, con la empatía y la transparencia que la caracterizan:

11. Meritxell Garcia Roig, *La fuerza de ser altamente sensible*, Grijalbo, 2022.
12. Meritxell Garcia Roig, *En tus zapatos*, La Galera, 2022.

—Has estudiado muchas disciplinas, tienes diferentes vertientes de conocimiento y eso no se acaba de entender en el ámbito editorial.

No entendían cómo alguien podía ser experta en empatía y alta sensibilidad, *coach* de vida y nutrición integrativa, haber estudiado *reiki* y chamanismo, *marketing*, guion cinematográfico y un largo etcétera. Era como si se preguntaran: «¿Cómo puede ser que la misma persona pueda escribir un libro sobre chamanismo, alimentación, empatía, neurodivergencia, crecimiento personal, maternidad…?». Sí, soy un culo inquieto. ¿Por qué tengo que avergonzarme de ser quien soy y de cómo soy? ¿Por qué es un problema tener un conocimiento amplio? La lucha de la versatilidad versus la especialización.

El encasillamiento, la etiqueta clara. No encajas en la idea de una *coach* experta en empatía y alta sensibilidad que pueda escribir sobre alimentación. Lo habitual es que los autores de no ficción se centren en una temática, que no salgan de la ficha, de la casilla donde todos te han puesto. Pero yo no quiero vivir en una casilla que yo no he escogido. Y si eso me lleva a la casilla de salida para replantearme el camino que debo seguir, que así sea.

Asumo con todas las consecuencias que soy una investigadora de soluciones a los problemas que me ocupan. Y si me encuentro con la sensibilidad, aprendo hasta encontrar mi camino para sentir con amabilidad. Si no entiendo a los demás, estudio empatía para acercarme. Si no quiero entrar más en relaciones tóxicas, me pongo a entender cómo es el ciclo narcisista y cómo detectar personas que quiero tener bien lejos de mi vida. Y ese es mi valor. Problema, estudio, solución. Y después lo comparto para uso de todo aquel que quiera oír hablar de ello. Soy una mujer práctica. Problema, solución. Y así es como tienes este libro en las manos. Me di cuenta de que la vergüenza era un sentimiento al que no le había puesto nombre. Lo había confundido con el miedo y la incertidumbre, porque la vergüenza no tenía cabida en mi mapa mental, pero intuía que estaba jugando un papel que me impedía ser yo misma. Y quién sabe cuál será el siguiente tema. La vida me lleva por caminos insospechados con un objetivo claro: hacerme el día a día más fácil y ser más feliz.

No pediré perdón por ser multiapasionada. No me haré pequeña porque los demás no entiendan cómo soy yo. Me basta con saber que me acepto y me quiero tal cual soy, y puedo ver mis talentos, aunque no sean evidentes para los demás. La gente quiere un titular y la realidad no encaja en la casilla que tienen disponible para mí. Sentada frente a la estantería de la biblioteca de casa que contiene mis libros publicados, me siento orgullosa de mí misma y de lo que he logrado.

La impostora

Antes de que se popularizara y la generación milenial lo hiciera suyo con el referente de la protagonista de la saga *Valeria*[13], de Elisabet Benavent, el síndrome del impostor o de la impostora era un concepto que formaba parte de mí. Cuando interioricé su significado, pensé que lo habían inventado para describirme. Buscaba en la acepción del diccionario si salía mi nombre. Se lo habían olvidado, pero era impostora hasta la médula: en constante duda de mis capacidades, incapaz de interiorizar mis logros, aunque haya evidencia clara de mi competencia. Sí, sigo la definición hasta la última coma.

Incluso ahora, después de años en un proceso continuo de crecimiento personal, el síndrome de la impostora me persigue. Con cuatro libros publicados, uno autopublicado y tres traducciones

---

13. Elisabet Benavent, *En los zapatos de Valeria*, Suma, 2014.

internacionales a mis espaldas, todavía me cruza la mente el pensamiento de que no sé escribir.

Mi pesadilla con los ojos abiertos se repite. Me imagino que llegará el día en que se descubrirá que no sé escribir y sacarán mis libros del mercado. Se descubrirá la verdad, que no soy escritora y que solo lo aparentaba. Un fraude.

Es una estupidez como una catedral. Y la pienso constantemente. Por unos segundos se hace real. Y ojalá solo me pasara con los libros. Me pasa en todos los ámbitos. En la maternidad, en el trabajo, cuando hago un curso, una conferencia o estoy luchando por una injusticia.

No importa la situación, sigo dudando de mis habilidades, me siento incompetente. Pienso que ha sido un golpe de suerte, llegar en el momento justo, pero sobre todo me alejo de creer que es gracias a mí.

Cuando recibo una buena palabra y me felicitan, miro por encima del hombro para asegurarme de que efectivamente va para mí. En cambio, cuando miro a mi alrededor veo las habilidades y los logros de los demás y me siento pequeña a su lado. En un mundo de competencia constante y comparación enfermiza, sentirse impostora es un estado natural.

En este viaje a Impostorlandia he vuelto a ver la película *Una rubia muy legal* y he conectado con el sentimiento opuesto: cuando son los que están en el exterior los que piensan que no tienes posibilidades de hacer lo que te propones. Por si no has visto la película, Elle Woods es una chica rubia con un potencial intelectual que nadie ve detrás de una apariencia de Barbie Malibú. Deja a todos boquiabiertos graduándose en Derecho en Harvard con méritos, vestida de rosa, con uñas postizas y el pelo planchado como si saliera de una revista.

He decidido encarnar a Elle Woods en mi vida y creer en mí. Por mucho que estos pensamientos lleguen como un *flash* y me atraviesen la cabeza, sé que son películas de ciencia ficción que no se harán realidad.

Lo que más miedo me daba, curiosamente, no es el fracaso, sino el éxito. Y es más fácil pensar que los objetivos cumplidos en la vida han sido cosa del destino más que de la perseverancia, el esfuerzo incansable o el valor aportado.

Ahora, cuando los pensamientos de impostora cruzan mi mente, puedo escucharlos, aceptar que están ahí, y una ráfaga de autoestima y verdad interna se los lleva lejos. Tengo una lista mental de lo que he conseguido y contrarresto mi discurso negativo con hechos y agradecimientos que guardo en la manga. Comparto los pensamientos con quienes me quieren y me muestro vulnerable, aunque me dé vergüenza compartir mis miedos más profundos.

Cuando pronuncio el discurso que tan bien conozco, las palabras pierden fuerza y cada vez parecen más ridículas, hasta el punto de que el lenguaje se evapora. Puedo ser una buena amiga para mí misma y los días que no lo soy me recuerdo que soy humana y puedo fallar. Vuelvo a la realidad, al centro, a entender que un instante de malos pensamientos de impostora no hace realidad lo que pienso.

Hacer el ridículo

Tengo una relación extraña con el ridículo. Por un lado, me puedes ver bailando por los pasillos del supermercado con unos auriculares de cancelación de ruido sin que me importe lo que los demás piensen de mí. En cambio, no entender una broma o decir una palabra inadecuada me lleva al pozo del ridículo, de la vergüenza más profunda.

Para mí, la vergüenza está ligada al miedo de que mi inteligencia quede en entredicho. Los comentarios y juicios que más temo son los mismos que yo me digo a mí misma: «No sabes lo suficiente», «No aportas nada».

Hacer el ridículo bailando en la calle o teniendo una actitud infantil a ojos ajenos no me provoca ninguna vergüenza porque no toca mi herida.

Cuando cumplí treinta años, mi madre me regaló un vuelo en globo aerostático. Subimos a la cesta y hacía un frío que pelaba, porque mi cumpleaños es en enero, pero con mi gorro amarillo con una borla de lana en el centro me sentía equipada para lo desconocido.

Cuando ya llevábamos unos metros en el aire, una de las pasajeras vio que nos acercábamos a un cable de alta tensión eléctrica. Rápidamente, con una maniobra de emergencia, estábamos aterrizando en un prado en medio de la nada. La mayoría de la gente bajó asustada y con pocas ganas de volver a subir. Sin embargo, mi madre y yo fuimos al coche a beber un poco de agua, pusimos la canción de *Jerusalema*, de Master KG y Nomcebo Zikode, a todo volumen y bailamos como si estuviéramos en una discoteca a altas horas de la madrugada.

—¿Sabes qué, mamá? Que no solo subiremos una vez en globo, sino que por el mismo precio subiremos dos veces.

Y moviendo los brazos y las piernas en medio de un campo que nos servía de pista de baile, me dijo:

—Sin vergüenza, la vida se pasa mejor.

Y bailando, durante el rato de preparación del globo, el tiempo pasó rapidísimo. En un abrir y cerrar de ojos, estábamos en el aire de nuevo, disfrutando de la vista de pájaro y esta vez sin alta tensión a la vista.

Si me quieren, ¿ya está bien?

Los últimos días han sido un viaje intenso hacia las profundidades de la vergüenza. Escribir sobre ella ha hecho que esté presente en mi vida cotidiana. Es como si tuviera una ventana emergente en la cabeza que me avisa: «¡Alerta, vergüenza!». Y ahora, por primera vez, me detengo a observar qué pasa y por qué.

Este nuevo nivel de consciencia está generando cambios inevitables: una nueva manera de expresarme, una conexión más profunda conmigo misma y conversaciones que nunca me había atrevido a tener.

Recuerdos enterrados en el inconsciente

Recuerdo una imagen de mi adolescencia: yo, tumbada en la cama, en mi propio caos, rodeada de montones de ropa por ordenar. Una representación clara del alboroto adolescente hecho habitación. Y cada noche, antes de dormir, pedía el mismo deseo: tener una pareja que me quisiera.

Quizás no era la aspiración más común para una adolescente —otras tal vez soñaban con motos o coches—, pero yo estaba convencida de que una relación sería la solución mágica al rechazo constante que sentía, que la vergüenza de ser yo misma se desvanecería con el amor incondicional de otra persona.

Ese anhelo adolescente me llevó a aceptar formas de amor inadecuadas. En mis relaciones, a menudo me conformé con migajas de afecto, recibiéndolas donde el otro quería darlas, en vez de donde yo las necesitaba. Esto me hizo caer en espirales de dependencia, toxicidad y relaciones con narcisistas, en todas sus variantes posibles, incluso cuando conocía la teoría al detalle. En la práctica, la confusión puede ser abrumadora, haciendo que te pierdas en un laberinto sin salida aparente.

En esas relaciones, me he sentido diminuta, invalidada e invisible. Incluso he llegado a creer discursos que distorsionaban mi percepción de la realidad. He dudado de mis capacidades, de mis habilidades y hasta de mi propia esencia.

Cuando las mentiras se repiten suficientes veces acaban convirtiéndose en verdades que interiorizamos. Nunca perdonaré a quienes destrozaron partes de mí, pero sí me he perdonado a mí misma por no haberlo visto antes, por no haber podido salir antes. La lección, sin embargo, ya la he aprendido.

Nadie nos enseña a amar bien ni a reconocer el amor sano. Por eso caminamos con esa insatisfacción constante, esas conversaciones con las amigas que siempre acaban igual: la pareja que no hace las tareas domésticas, que no se ocupa de los hijos, que no organiza planes… El tema es secundario, porque el mensaje de fondo siempre es el mismo: no me quiere como necesito. No se comunica, no me prioriza, no me ve.

Mientras escribo estas reflexiones, corro a la cocina a vigilar las acelgas que tengo en el fuego. La casa se llena del aroma reconfortante del caldo casero, y pienso que así es como quiero sentirme cuando alguien me quiere: en casa. No me como un plato precocinado, recalentado a toda prisa en el microondas, sino una comida preparada con cuidado y dedicación. Al ir a colar la verdura, un tarro de cristal se ha roto en el fregadero por el choque térmico. Mientras recogía los cristales mojados de agua hirviendo, intentando no quemarme ni cortarme, he tenido una revelación.

Ir de puntillas en una relación, evitando expresar, decir o discutir, es una estrategia condenada al fracaso. Si tocas agua hirviendo, te quemas; si tocas cristales, te cortas. Y por mucho cuidado que tengas, si no vigilas, acabas perdiendo trozos auténticos de ti misma, quemando en las llamas aquello que el otro no quiere, pero tú tanto necesitas.

Una relación saludable no es un cuento de hadas. Hay que dejar de romantizar la idea del príncipe en un caballo blanco rescatando a la princesa. Las relaciones son trabajo constante. Hay días que caminas mano a mano, y otros en que uno avanza tanto que el otro se convierte en una silueta lejana.

Estoy aprendiendo a expresar mis necesidades, a pedir ayuda si la necesito, a reconocer cuándo necesito hacer una pausa en el camino de la vida. Y, sobre todo, estoy aprendiendo a desvincular mis acciones del proceso del otro.

El libro *Los cinco lenguajes del amor*[14] me abrió los ojos sobre cómo expresamos y recibimos el amor: tiempo de calidad, actos de servicio, regalos, palabras de afirmación y contacto físico. Lo que más me ha costado entender es que, aunque recibas mucho de un lenguaje, si te sientes menospreciada en los otros que son importantes para ti, el amor no se siente completo.

En mi caso, necesito tiempo de calidad y palabras de afirmación. Cuando el tiempo compartido queda enterrado bajo tareas y proyectos, cuando no hay interés en crear esos momentos juntos, mi corazón se enfría. Hablar es uno de mis lenguajes de amor fundamentales: ofrecer mi cabeza y mi corazón para escuchar, analizar, compartir perspectivas o simplemente acompañar.

Antes pensaba que cualquier forma de amor debía ser suficiente. Si me querían con actos de servicio, por ejemplo, debía estar agradecida y satisfecha. Pero mi corazón protesta cuando, ante una necesidad

---

14. Gary Chapman, *Los cinco lenguajes del amor. El secreto del amor que perdura*, Unilit, 2017.

de conversar o de acompañamiento emocional, se encuentra con un muro de silencio al otro lado.

Es difícil iniciar una conversación incómoda, decirle a la persona que más quieres: «Esto no me ha gustado, me he sentido rechazada e ignorada». Una parte de mí se fortalece al expresarlo: la Txell que se respeta, la que busca la paz interior. Pero otra parte quiere huir del dolor, quiere complacer, se conforma pensando que el error no nombrado no se repetirá.

Cada día me respeto más, escucho mis sentimientos, reconozco cuando no estoy alineada. Identifico la emoción, la siento, la proceso y la expreso. Me quiero como quiero que me quieran, y entiendo que no puedo esperar que los demás lean mis pensamientos. Es mi responsabilidad expresar cómo me siento y qué necesito.

He aprendido que equivocarse es humano, universal. Hay errores pequeños y otros más grandes. Pero lo que marca la diferencia en una relación es la capacidad de reparación. Saber arreglar —o aprender a hacerlo— es vital para evitar que los conflictos se enquisten y se conviertan en reproches acumulados. La verdadera conexión se encuentra en la capacidad de reparar el daño y crecer juntos a partir de los aprendizajes compartidos.

Ahora sé que no basta con ser amada de cualquier manera. El amor que yo me doy y el que recibo deben nutrir, deben respetar, deben permitirnos crecer. Y, sobre todo, deben ser un espacio donde podamos ser nosotros mismos de forma auténtica, con nuestras necesidades, vulnerabilidades y sueños.

6

LA MIRADA INVISIBLE DEL OTRO

«A veces no necesitamos que alguien nos arregle.
A veces solo necesitamos que alguien nos quiera mientras nos arreglamos
nosotros mismos.»
ATRIBUIDA A JULIO CORTÁZAR

Me desconcierta cómo la previsión de la mirada del otro atraviesa la piel incluso cuando nadie me ve. Objetivamente, no tengo unos ojos clavados en la nuca; aun así, la presión se cuela entre los poros de la piel.

Solo de imaginar qué pensarán, qué dirán, qué verán o cómo lo sentirán, la vergüenza aparece como un *pop-up* molesto de una web y no encuentro la X para hacerlo desaparecer de mi vista.

Los errores (im)perdonables

Conversaciones incómodas

Era uno de esos días en que no calculamos bien el tiempo, como nos pasa a menudo. Un cálculo de la realidad que no da margen al imprevisto. Disfunción ejecutiva[15] de manual, una manera de encajar las tareas y el placer a presión y que rebosa por los lados.

En una mañana de domingo, yo debía cocinar para toda la semana. Tenía boniatos y calabacines en el horno. La Thermomix a todo trapo con guisantes y judías, y una crema de calabaza haciéndose en la máquina. En la sartén, un arroz de sobras, con todo lo que había encontrado en la nevera y el congelador. Acabó siendo un arroz de setas y espinacas. Me movía de un lado a otro de la encimera, dando golpes a la sartén, removiendo, controlando el tiempo. Teníamos que irnos en una hora. Los malditos boniatos no se cocían, seguían duros y no habría tiempo de hornear un pastel con ellos, como tenía previsto. Mi pareja estaba con el jardinero, dándole trabajo y colaborando con las tareas más pesadas. Nos encontramos por el pasillo.

—No hay tiempo. Vamos tarde, los boniatos no se cuecen, me tengo que duchar. No tengo hecho el pastel para ir a casa de María.

Los dos entramos en una conversación sin pies ni cabeza, en la que cada uno intentaba justificar lo que ocurría: por qué yo estaba esperando unos boniatos, por qué él ayudaba en las tareas del jardinero y por qué ambos teníamos una lista de quehaceres inacabable. Entramos en un bucle eterno. Pensándolo bien, ninguno de los dos había pedido ayuda.

Acabamos llegando a un acuerdo y respirando hondo. Yo haría un pastel que no llevara boniato, lo pondría en el horno y me ducharía mientras él controlaba que no se quemara y los tiempos de las ollas que tenía en danza en la cocina.

15. Disfunción ejecutiva: la disfunción ejecutiva hace referencia a un conjunto de dificultades en las funciones ejecutivas del cerebro, que son las habilidades cognitivas que permiten a una persona planificar, organizar, secuenciar, iniciar, monitorizar y regular su comportamiento.

Conseguimos salir de casa con un pastel que me había quedado más seco que una piedra y esperando que el helado nos salvara para ablandarlo en el paladar y hacernos olvidar la textura de serrín que intuía. La sensación no era buena: se me caía el alma a los pies porque quería hacer un buen pastel de boniato, pero el plan original se había desplomado por efecto dominó.

No pensé más en el resultado hasta que lo saqué a la mesa para el postre:

—Os pido disculpas por adelantado porque no sé cómo ha quedado.

Tenía la mirada perdida, y todos miramos el pastel con la cabeza gacha. Me sabía mal llevar un *brownie* seco que era la viva imagen de la mañana de prisas que habíamos vivido antes de llegar. Y lo peor no era augurar que no sería suficiente con la intención, sino probarlo y pensar que estaba bueno de sabor, pero seco de narices.

Quizás por compromiso, de los cuatro platos que serví, en tres no quedaron ni las migas y en uno quedó apartado un trozo bien grande. No era el trozo de la vergüenza, sino el de la sequedad: la arena de *brownie* ya no le pasaba más por la garganta a mi amiga. Yo lo entendía, pero aun así se me hizo un nudo en el estómago. Quería llevar un dulce a la mesa y había acabado en una experiencia amarga.

Para más inri, había olvidado completamente que mi amiga María había trabajado haciendo pasteles por encargo… En cuanto sacó del horno un bizcocho esponjoso, redondo y con una miga perfecta, quise empezar a gatear y meterme debajo de la mesa o que se me tragara la tierra.

Qué pereza me da mi propia comparación, la no aceptación del error. Aún no soy capaz de mostrarme imperfecta. No dejo de sentirme morir por dentro.

Lo quiero hacer todo. Me cuesta discernir lo que es importante, inevitable o superfluo. A veces calculo el tiempo de modo que me sobra por todas partes y otras quiero encajar toda una vida en una mañana. Y lo peor es que no puedo culparme más que a mí misma.

Aquel día, precisamente el motivo de encontrarnos era la presentación oficial de su pareja, aunque la formalidad fuera inexistente debido a la cotidianidad y nuestra conexión como amigas.

Durante el transcurso de la comida hubo momentos en que el comportamiento de él me hizo saltar una alarma interna. Sé perfectamente lo que me pasa: se me hace un agujero negro en medio del estómago, un pequeño sobresalto muscular, incluso, como si mis entrañas se escurrieran bien adentro, dejando paso al vacío.

No le di mucha más importancia hasta que al salir de su casa, mi pareja y yo tuvimos la típica conversación de coche, repasando las escenas de la comida:

—El chico no me ha gustado —dijo mi pareja.

—Parece bastante neurodivergente —repliqué yo.

Y, cuando expresé esas palabras, me di cuenta de que también me daba vergüenza juzgar mal. Tener una impresión no argumentada y equivocarme. Había sentido que ese chico no me daba buenas vibras. Literalmente me creaba un vacío en el estómago en según qué momentos, con palabras o con gestos. ¿Por qué debo tener un argumento lógico cuando alguien no me da buenas vibras? ¿Es que el lenguaje del cuerpo no es suficiente? ¿Todo debe tener un porqué? Un maldito discurso racional, que las palabras sean irrefutables, el discurso perfecto de la no crítica.

Y con rabia hacia mi propio discurso interno, añadí:

—A mí tampoco me ha gustado.

Entramos en una conversación para intentar racionalizar la sensación en los momentos concretos que nos habían descolocado y fuimos desgranando la comida en pequeñas píldoras de incomodidad.

Salí de casa de María con un *shutdown*[16]. Me sentía extremadamente cansada, saturada y, después de esa conversación, necesitaba realizar el viaje en coche en silencio, con los ojos cerrados y tumbada en el asiento para recuperar el bienestar interno.

Una señal clara del cuerpo de que el encuentro social no me había recargado las pilas, como es habitual cuando quedo con María, sino que me había agotado la batería interna.

Mi cuerpo no miente.

Días después…

Lo que más me preocupaba no era que el chico no me hubiera gustado, sino la inevitable pregunta: «¿Qué le diré a mi amiga cuando me pregunte qué me ha parecido?». No quería mentir, no quería pasar vergüenza si de mi boca salían palabras vacías que no sentía. Y sin ser consciente de que ese momento incómodo estaba por llegar, al cabo de dos semanas, en una conversación casual a través de videollamada de WhatsApp con María, surgió la temida pregunta:

—¿Qué te pareció?

Noté de nuevo el vacío en el estómago, pero esta vez era como una daga que se me clavaba en las entrañas. La sentía como una aguja de tejer que empezaba a enroscarse dentro de mí.

Habiendo ensayado mentalmente la frase veinte veces, dije con seguridad:

16. Un *shutdown* es una respuesta intensa a una sobrecarga sensorial, emocional o social que experimentan algunas personas con autismo. Durante un *shutdown*, la persona puede retirarse del mundo exterior y experimentar una reducción significativa en su capacidad para funcionar, comunicarse o interactuar con los demás.

—¿Quieres la versión descafeinada o la versión honesta?

Y acto seguido me vi relatando la comida en fotogramas, diapositivas de los momentos en los que las banderas rojas del cuerpo hablaban solas sin que la razón formara parte. Y con los días, la razón había ido montando un discurso, un argumentario, colocando las piezas en su sitio. Fui explicando y argumentando mi sensación y exponiendo los momentos sobre la mesa. Y cada tres frases repetía: «Ojalá me equivoque».

No es fácil decirle a una persona que quieres que la pareja a la que está conociendo te parece —tras la impresión de una sola comida— un narcisista vulnerable, cuyo veneno es sutil pero potente; que ha habido momentos de menosprecio, que necesitaba ser el centro de atención y que ha aprovechado cualquier instante para minar la autoestima de ella, pero también para traspasar límites de respeto personal conmigo y con mi pareja.

De alguna manera, querría no ser yo la que viera que eso era así. No ver nada, no tener una alarma en el estómago que me hubiera dado una pista del peligro, un indicio de que la persona que había tenido delante no era de fiar. En aquella ocasión me repetí una vez más, una de las miles de veces que debo de haber dicho esta frase: «Me gustaría ser más boba». Los bobos son mucho más felices.

Si no ves nada, no tienes por qué explicarlo. Ni siquiera te sientes mal por verte obligado a expresar una opinión sincera, porque la conciencia no está. La ignorancia es una brisa fresca de alivio que pocas veces disfruto.

Como la tienda que cierra las puertas y baja la persiana literalmente por última vez. Quién pudiera tener esa persiana que cierra el paso a la luz, al exterior y a la información, y estar a oscuras de vez en cuando.

Percibir, sentir, analizar, a veces es una espiral de cansancio. La conciencia me limita, siempre hay alguien que no estará contento con lo que haces, lo que dices, lo que piensas o lo que sientes. Quizás tengo que procurar que esa persona infeliz no sea yo.

La espera eterna de respuesta

Después de la conversación incómoda con María, se produjo el silencio. Las jornadas iban pasando y no tenía ningún mensaje de ella, ni siquiera una respuesta a alguno de mis audios-pódcast habituales.

Los pensamientos se me clavaban como agujas en el corazón: «Ya no me quiere. He dicho lo que pensaba y ya no me quiere».

Le daba vueltas a la conversación. El silencio hiriente nos alejaba. Y el pensamiento de no volver a ser yo misma porque dolía demasiado me cruzaba la mente e intentaba disiparlo con la mano, como quien aparta el humo de delante de su cara con un gesto inútil que solo consigue que se esparza por la habitación. Tomé fuerzas para comunicarme desde mi verdad y le escribí:

«Bonita, ¿cómo estás? Tengo una sensación extraña. Desde la última vez que hablamos te siento lejos y me da la impresión de que la conversación ha cambiado algo entre nosotras. Quizás son paranoias mías, pero hay una parte de mí que siente que ya no me quieres por decirte lo que pensaba. Tenía que decírtelo. Sea lo que sea, te respeto. Te echo de menos».

Pulsé el botón de enviar y los segundos se me hicieron horas. Por falta de costumbre, exponer el corazón y la vulnerabilidad me produce agujetas. Me pincha y a la vez intento prever el dolor y el movimiento adecuado para que no duela tanto.

Los treinta minutos de espera de respuesta me parecieron mil y una noches. Cuando por fin llegó el mensaje, me puse a leer tiritando:

«Hola, reina. Tienes razón. Pero no es que no te quiera, ni mucho menos. Es que después de nuestra conversación se despertaron en mí miedos que no tenía y no quería tener, porque en esta ocasión me propuse confiar más en lo que sentía sin ponerle tanta mente, y despertaste en mí fantasmas que no quiero dejar volver a mi vida. Pero no es que tú hicieras nada mal, todo lo contrario, valoro mucho tu opinión y, sobre todo, lo que hablamos, y respeto profundamente tus pensamientos y sentimientos. Y sí, te quiero mucho, aunque ahora esté más fría y distante. Lo transitaré y volveré».

Sin saber de dónde, unas lágrimas enormes corrieron por mis mejillas. La pequeña Txell lloraba: «Todavía me quiere. No he hecho nada malo».

Es difícil ser una misma. Y el discurso de la experiencia vivida vuelve con fuerza: «Si soy yo, no me querrán».

Esta vez elegí la conversación incómoda, la vulnerabilidad, la honestidad y sí, pasó factura, es cierto.

No todo el mundo, ni siempre, está preparado para escuchar lo que no quiere oír, pero eso no debe ser un motivo para mentir y, sobre todo, para hacerlo con las personas que amas.

Y si decir la verdad es motivo de cancelación, entonces será que el amor no está ahí y, por mucho que duela, no hay marcha atrás.

Me gustaría decirle que no me afecta la distancia que se ha creado entre nosotras o que yo represaté sus fantasmas internos sin saber que me tocaba ese papel. Me gustaría decirle que lo tengo superado y que he podido dejarlo atrás.

Pero no. El dolor no entiende de razones lógicas.

Sí, he dicho la verdad.

Sí, he sido yo misma.

No, yo no soy sus fantasmas, pero le he recordado un espacio donde no quiere estar.

Tiene derecho a sentirlo y a alejarse.

No, no puedo controlar si vuelve a mí o no.

Es su decisión.

Yo solo puedo seguir siendo fiel a mí misma. Me he expresado, he comunicado lo que siento y pienso, y ahora la pelota está en el otro lado.

Y qué difícil es la espera…

Sabiendo que lo que está en mi mano está hecho. No hay más que respetar, que amar en las distancias cortas o largas.

Al mismo tiempo, siento un profundo agradecimiento por ser capaces y valientes de tener esta conversación. Que sea por escrito no le resta mérito, ni tampoco el hecho de que la cuestión no saliera a la luz hasta que la puse sobre la mesa.

Porque la amistad y las relaciones son eso: abrirse a la conversación incómoda, escuchar, entender y reparar. Y en la huida o la pausa, estamos a la espera de la disposición del otro a sentarse a hablar de nuevo.

Con la alineación interna que supone pensar, sentir y hacer en la misma dirección, me siento tranquila, calmada, serena y me veo capaz de no querer cerrar el tema a toda prisa.

Porque ahora es su turno. No pongo mi vida en pausa ni tengo los sentimientos colgando de un hilo. He soltado el control y sé que mi trabajo es saber qué quiero y cómo.

Quien se va de la mesa tiene la responsabilidad de volver a sentarse e invitar al otro. Hablar, resolver y reparar es el único camino para continuar. Me sentaré a la mesa, si me invitan, sin ningún rencor ni resentimiento, con amor, empatía y honestidad. Y si no hay mesa ni conversación, seguiré siendo yo. Siempre yo.

La envidia de la ausencia de vergüenza

Quiero tocar el tambor

La ausencia de vergüenza tiene un aire de libertad inconfundible, porque se nota cuando alguien traspasa las convenciones sociales y actúa desde la voluntad del ser.

Recuerdo que, en un curso de tantra, estábamos haciendo unos ejercicios guiados de respiración cuando, de golpe, mi pareja se levantó y casi le faltaron piernas para acercarse al facilitador, que golpeaba el tambor, y decirle:

—¿Puedo tocarlo?

En unos segundos que se me hicieron eternos mientras observaba la escena a cámara lenta, sentí vergüenza ajena por si el profesor se había sentido invadido por aquella petición.

Pero lo que más me removió fue la frescura, la determinación y las ganas de tocar el tambor de mi pareja, que le habían llevado a acercarse a él sin reparo.

El profesor sonrió, le dejó un tambor y mi pareja se puso a tocarlo y a hacer ritmos con él. Todo el mundo parecía encantado. Por las sonrisas y las expresiones que iba analizando con mi escáner mental, nadie había pensado lo mismo que yo.

Veía a mi pareja feliz, explorando la piel de cabra que recubría el tambor y observando los distintos sonidos. Jugaba con los ritmos, toques de dedos y golpecitos con las palmas de las manos, como un juguete nuevo que quería conocer a fondo.

Sin embargo, la tristeza fue apoderándose de mí con cada latido de aquella música. Yo nunca me habría levantado a pedir si podía tocar el tambor. Y si lo hubiera hecho, habría esperado el momento adecuado, el que a mí me hubiera parecido mejor, la situación perfecta en ausencia de crítica. La verdad es que simplemente no habría tocado el tambor. Me habría quedado con las ganas porque la sensación de inadecuación me paraliza. Admiro a mi pareja, pero me da rabia a partes iguales porque él siente esa libertad y yo no. Yo vivo con las alas desplegadas en la jaula de oro de la vergüenza, que tiene las puertas abiertas, y no consigo emprender el vuelo aunque nada me lo impida. Yo misma soy los barrotes.

Experimento así una limitación autoinfligida, la elección de vivir en una jaula conocida por miedo a salir ahí fuera sin saber cómo será el exterior.

7

EL MURO DE LA VERGÜENZA

«Antes de construir un muro, hay que saber qué se deja fuera
y qué se encierra dentro.»
Robert Frost

Hay imágenes, escenas de vergüenza en mi vida, que no se me van de la mente. Reviven en mi estómago como si las tuviera guardadas dentro de las tripas, vuelven mágicamente a la pantalla de mi cabeza y el cuerpo las siente como si estuvieran ocurriendo en este instante.

Por ejemplo, el día de mi boda. La celebramos en una casa rural y, cuando ya se habían marchado la mayoría de los invitados, nos quedamos allí a dormir con los amigos para seguir la fiesta. Estábamos en un lugar en medio de la naturaleza, disfrutando, bailando y comiendo.

Al día siguiente, después de un buen desayuno, nos tocaba recoger los restos de la fiesta, pero hubo un amigo que decidió irse antes del cierre oficial de nuestro último día de celebración. Desde la piscina de la casa, con el cuerpo aún en el agua y entre risas, lo despedí con la mano y le pregunté si podía bajar una bolsa de basura al contenedor. Lo escribo y recuerdo su mirada clavada en mí. Me fulminó las pupilas, atónito, rechazando mi propuesta sin palabras. Su indiferencia me atravesó hasta la nuca.

Me miró como si hubiera perdido completamente el juicio y me quedé totalmente hundida. Diez años después, el rechazo, la vergüenza de pensar si era yo la que se había desubicado, sigue presente. ¿Quizás yo había pedido un favor que no procedía, una demanda inoportuna? En silencio y sin compartir con nadie la preocupación, en mi interior se reproducía su mirada una y otra vez. Me sentí fuera de lugar.

Y ahora, cuando lo pienso, también me ocurre. ¿Qué demonios? ¿Por qué no podía bajar una bolsa de basura? Bien que todos habíamos disfrutado la fiesta, ¿o no? No era una boda de cubiertos a 120 euros por persona ni mucho menos. Habíamos alquilado una casa rural, decorándola con ayuda de amigos con las flores que habíamos encargado. Compramos copas, manteles y venía un *catering* para hacer una fideuá, en un ambiente popular. Buena comida, precios asequibles y en un espacio tranquilo y reducido con nuestra gente.

Hace diez años tenía otra edad y me faltaban recursos. Me dio vergüenza parecer desubicada y me guardé la herida de la anécdota. Ahora lo que me da vergüenza sobre el mismo hecho es no haber reivindicado mi posición.

Pasado o presente, el sentimiento está vivo. Vuelve como mil caballos desbocados.

8

LA FACHADA: VERGÜENZA DE MI CUERPO

«El cuerpo es el diario donde escribimos todas nuestras emociones no dichas.»
ANAÏS NIN

Siempre he tenido una relación de amor-odio con mi cuerpo. A los tres años era delgada, pero a partir de los cuatro el cuerpo me cambió y pasé de ser una niña estándar, invisible a los ojos de la gente, a tener que ir a la consulta de una endocrinóloga.

«Delgada» es un concepto que me estremece, un sinónimo social de estar bien, ser saludable y atractiva. En cambio, estar gorda era —es aún para la sociedad— todo lo contrario. Sinónimo de una persona que no se quiere, de alguien que no está bien, que no lleva una vida saludable.

Me dolía como cristales punzantes bajo la piel cuando era adolescente, porque me decían: «Eres muy guapa de cara». Una manera de decir que la cara sí, pero el resto no. Podía percibir el rechazo a mi cuerpo en esa expresión aparentemente inocente que decían con una sonrisa, como quien alaba lo único destacable en el otro y se siente orgulloso de ello.

Cada vez que tenía consulta, recuerdo el olor a enfermedad y baja autoestima que tenía la sala del ambulatorio en el barrio de Poblenou. Unos minutos eternos de espera sentada en una silla de madera. No paraba de recolocarme en el asiento, del que no dejaba de resbalarme. ¿Qué cera les ponen a estas sillas?

Con mi abuela iba a menudo. Abría la puerta de la consulta una médica gorda que apenas cabía por el marco de la puerta y gritaba mi nombre: «¡Meritxell Garcia!».

Lo primero que pensaba era cómo podía ser que aquella mujer me diera directrices para perder peso cuando claramente ella tenía el mismo problema que yo.

La dieta era a base de cuarenta gramos de pan al día, todo a la plancha y verdura a mansalva. Y, por supuesto, nada de dulces, fritos ni nada parecido. Además de una dieta pautada, me llevaba de allí la sensación de no ser adecuada y una etiqueta en la espalda: «Eres gorda».

En la adolescencia no fue mucho mejor. Las diferencias eran claras. La mayoría de las niñas de la clase eran muñecas de talla pequeña vestidas todas iguales. Yo, en cambio, ni aunque hubiera querido, podría haberme puesto su ropa.

Ir a comprar vestidos para una niña que con doce años ya tenía pecho y medía 1,70 metros, me llevaba inevitablemente a la ropa de adultos. No recuerdo haber llevado muchos dibujos en las camisetas, ni haber hecho evidente mi inocencia en la vestimenta.

Era demasiado grande para las secciones de niños y demasiado gorda para la ropa de adolescentes, que llegaban a una talla 40 o 42 como mucho.

Hice miles de dietas, puede que haya probado todas las que existen. Y sí, perdí peso, un proceso de yoyó inevitable que me hacía volver a la casilla de salida en un abrir y cerrar de ojos.

Me sentía guapa de cara, un concepto que hice mío de tanto oírlo. Pero aprendí a sentir vergüenza de mi cuerpo, la misma que escuchaba a mi alrededor.

Y aunque mi familia me apoyaba, hay que decir que con una madre delgada como un palo que comiera lo que comiera no engordaba, sentía envidia. ¿Por qué no puedo ser como ella? Una mujer que toda la vida ha usado una talla 38 a pesar de desayunar bocadillos de sardinas y huevos fritos. Yo solo de olerlos desde la habitación ya engordaba tres kilos.

Los niños son crueles, eso lo aprendí muy pronto. Por suerte, mi mala leche, el muro y la cara seria hicieron que el acoso escolar nunca fuera más allá de unos pocos comentarios hirientes. Aun así, las palabras hacen heridas invisibles.

Mi madre, con toda su buena intención, me decía cuando le pedía consejo:

—Si te dicen gorda, tú tienes que decir: «Sí, yo soy gorda y puedo adelgazar, pero tú eres gilipollas y no puedes hacer nada».

Ya te puedes imaginar que más allá de la cara de pasmarote que ponían los niños tras mi comentario, no paraba la cantinela: gorda, gorda, gorda.

Incluso ahora resuena en mi cabeza y ese discurso lo he hecho mío. Ahora sí, lo oigo con mi voz interna que dice: «Tienes que adelgazar, ¿no ves que no te queda bien?, no puedes llevar pantalones cortos con esas piernas que parecen jamones…».

Y podría llenar páginas y páginas de un discurso gordofóbico que he hecho mío y del que no quiero saber nada.

Las piernas que rozan

Cuando era adolescente me di cuenta muy pronto de que mis piernas gruesas no eran como las de mis compañeras. Llegaba el verano y veía desfilar faldas y vestidos, en el instituto y en la calle, ondeando con el viento de libertad de unas piernas que se saludan a distancia.

Mi experiencia de llevar faldas y vestidos no era placentera. Lo descubrí un verano. Empapada de sudor, el roce de los muslos hizo que me apareciera una erupción entre las piernas.

Mi abuela, al ver el enrojecimiento, me presentó a mi nuevo compañero de vida: el Natusan. Una crema conocida por las piernas de jamón ibérico como las mías, que a la mínima subida de temperatura son incapaces de separarse y dejar pasar el aire.

Cuando sentía que mis muslos se pegaban como una ventosa, iba abriendo las piernas de par en par y los iba despegando poco a poco.

La crema no fue suficiente y la siguiente solución fueron unos pololos: unos pantalones finos, blancos, suaves, como de seda, con blondas de abuela, que cubrían la parte de la entrepierna y evitaban la desgracia.

Sentía vergüenza de que alguien descubriera mi secreto y que en un olvido involuntario se asomara una blonda de abuela por debajo de la falda. Me pasé años con pololos bajo los vestidos y ni hablar de ponerme minifaldas o pantalones cortos. Era una opción dolorosa para mí en todo el sentido de la palabra. Notaba las piernas como escamas, rojas y sudadas. Era un recordatorio de la incomodidad de habitar mi cuerpo.

Lo que hubiera dado por ser una de esas chicas que, ajenas a mi sufrimiento, caminaban con un movimiento de cadera perfecto de un lado a otro con sus modelitos de verano bien fresquitos.

Después de los pololos de la abuela, por suerte la sociedad se dio cuenta de que quizás no solo eran las mujeres mayores las que se vestían por voluntad propia con más capas que una cebolla, sino que quizás había una necesidad real. Ahora hay prendas que cumplen esa función y son bonitas, de malla y sin blondas o transparentes. En lugar de los pololos de la vergüenza ahora tengo unas bandas protectoras contra rozaduras que esconden la necesidad y hacen el servicio en silencio bajo la falda.

No verás en el escaparate de una tienda un artefacto para que no te rocen las piernas, ni nadie te hablará de esto. Da demasiada vergüenza decirlo en voz alta, pero estoy segura de que no soy la única que ha medido con la mano el largo de una falda antes de probársela para calcular si los pantalones de debajo se verían o no.

Cuando ya de mayor, con veintiocho años, adelgacé, por primera vez vi que tenía un hueco entre los muslos. Los jamones ya no se tocaban y podía llevar faldas y vestidos del largo que quisiera. Un sentido de autopreservación se apoderó de mí y no pude deshacerme de los pololos de la abuela.

Ahora los he cambiado por pantalones cortos de deporte ajustados y siempre mido cuánto tiempo estaré fuera de casa y si hace mucho calor.

Si me equivoco en los cálculos, acabo en la calle agarrándome el vestido y poniéndomelo entre los muslos para evitar una erupción. Eso me obliga a caminar coja para no soltar la tela que cubre la entrepierna, pero por lo menos evito vivir un infierno de carne viva al llegar a casa.

Realizar ese gesto tan brusco y grosero en medio de la calle, agarrar la tela del vestido y colocarla entre mis muslos, hacía que me pusiera roja. Sobre todo, si la gente me miraba. Se escapa de la lógica común de alguien que no sabe lo que es tener las piernas grandes.

El problema no es lo que te dicen, sino cómo esa mentira o media verdad dentro de tu cabeza pasa a ser verdad de tanto repetirla. Lo que duele es oír tu voz diciendo esas palabras que has escuchado cientos de veces en boca de otros.

Todos los cuerpos que he habitado

El primer día que fui a una tienda a comprar ropa después de haber adelgazado cuarenta kilos no me lo podía creer. Tenía en las manos unos pantalones efecto roto de Abercrombie de la talla 38.

Sin embargo, me miraba en el espejo y seguía sintiéndome la misma Meritxell gorda que había estado evitando. Sabía que había adelgazado, la báscula lo decía y la talla de los pantalones lo hacía evidente.

Pero me observaba y, como un escáner, repasaba mi cuerpo y no acababa de ver en el reflejo que era yo la persona que estaba frente al espejo. En las tiendas tenía tendencia a coger una o dos tallas más de la que usaba porque aún no había asumido la pérdida de volumen corporal. Me sentía la Meritxell gorda de antes con un disfraz de delgada.

La libertad que da ir a una tienda y que no haya ninguna restricción es inexplicable. Todo me cabía, siempre había mi talla fuera donde fuera. No tenía que preocuparme por una barriga que sobresalía como la falda de una magdalena, o por los rollitos de primavera de la espalda. Era capaz de vestirme como quería y nadie me lo podía impedir.

Mi armario cambió de arriba abajo. De vestirme con ropa ancha para evitar que se me viera el cuerpo «imperfecto», de un rango de colores del negro al violeta fuerte, pasé a llevar vestidos cortos, pantalones ajustados y la primavera con sus colores llegó al armario.

Me sentía mejor con mi cuerpo. No puedo decir que estaba bien porque a cada variación de la báscula o un pantalón que quedaba más ajustado pensaba que abriría los ojos y volverían cuarenta kilos de golpe.

Tenía que estar siempre vigilante, controlando que efectivamente había dejado atrás a la guapa de cara, pero que podía volver en cualquier momento. Un sufrimiento constante, de controlar, restringir, reconducir y volver a empezar.

Lo que más me sorprendió de cambiar de cuerpo fue cómo me trataba la gente. Me miraban por la calle, los hombres eran más amables en la oficina, hasta el punto de que parecía que me hubiera convertido en otra persona. Vivía una vida de delgada y no entendía cuáles eran las normas. Incluso había situaciones que rozaban la incomodidad cuando alababan mi físico sin que yo hubiera abierto la puerta a nadie para hacer comentarios sobre mi apariencia.

Las alusiones a mi cuerpo me provocaban un inmenso rechazo, sobre todo porque demostraban la superficialidad de esas personas que no habían levantado nunca la cabeza para mirarme a los ojos y ahora me escaneaban de arriba abajo en el pasillo.

Con los años, he aprendido a reconciliarme con mi cuerpo, a entender que su tamaño también es su fuerza. Pero aún hay días en que me miro al espejo y siento esa voz interior que me dice que ocupo demasiado espacio.

La intimidad cuando no te quieres ver

Cuando era gorda y me miraba en el espejo, quería convertirme en una escultura e ir quitando de donde sobraba y poniendo donde faltaba. Photoshop virtual de aceptación instantánea. Me pregunto si soy yo que no me quiero lo suficiente o es esta sociedad superficial que ha creado un imposible.

Para una chica gorda es un absoluto poema mirarse al espejo, y en cierto modo entendía que mi pareja no quisiera acercarse mucho a mí. Al principio, pensaba que era fruto de una relación que ya duraba una década.

Pero con mi cambio corporal, cuando adelgacé, la situación no cambió. No entendía cómo él podía ignorar unas curvas que hacían girar cabezas, cómo él seguía con la suya dentro del teléfono sin levantar ni una sola pestaña de la pantalla.

Me costaba darme cuenta de que dentro de mí estaba la misma persona, con una talla 48 o una 38. Yo era la misma. ¿Por qué me trataban diferente? ¿Por qué ahora yo era más aceptada y visible?

Nadie te explica que el cuerpo marca el camino en la intimidad. Más bien, es la relación con el cuerpo la que dirige si la luz está encendida o apagada. O si me siento libre para hacer movimientos sensuales o me meto de un salto en la cama y me tapo con las sábanas.

La sexualidad con vergüenza

Veo el techo de mi habitación de adolescente y noto cómo las lágrimas salen mi boca. Mi primera vez no fue como en las películas. Nunca lo es, me da la impresión.

Había amor o se le parecía, si se puede llamar «querer» a lo que sientes a los dieciséis años. Respeto, cuidado, inexperiencia, ineptitud y falta de teoría y práctica. Un cóctel para la primera vez. No recuerdo placer, solo el sabor salado de mis propias lágrimas. No me dolió, fue cómodo, pero a la vez me invadió un sentimiento de tristeza.

No tuve conversaciones con mis padres sobre sexo, ni un lugar cómodo donde poder compartir las inquietudes y las dudas de un mundo sexual silenciado y escondido. Hace unos años no era frecuente hablar de sexo en la sobremesa, al menos en mi casa no.

Las amigas se convertían en el oráculo, en un formato de hormonas adolescentes, con las mismas dudas y preguntas: mediante prueba y error intentábamos resolver y encontrar el camino entre nosotras.

Con parejas estables aprendí más sobre mi cuerpo a través de sus caricias y es bien triste decir que no pensé ni por un momento que la verdadera responsable de conocer mi cuerpo tenía que ser yo misma.

Iba recopilando posturas, sensaciones de placer que, en el momento en que la pareja salía por la puerta, también se iban. Y una vez, en una relación de larga duración, las rutinas hicieron su efecto y llegó el estancamiento. Ya no explorábamos, no había nada nuevo. Cuando conoces las localizaciones de los lunares de tu pareja, la sorpresa es casi inexistente.

Hubo intentos de darle la vuelta a la monotonía. Los típicos, supongo: juguetes sexuales, vestuario sugerente, hacer ejercicios de conexión… Yo no me conocía lo suficiente, no sabía apenas nada sobre mi placer. ¿Cómo iba a explicarle a mi pareja lo que quería del menú si ni siquiera había visto la carta de mi propio restaurante?

Comer de plato combinado en la vida sexual es seguro y cansado a la vez. El deseo viene de poder elegir y a la vez dejarte sorprender con sugerencias del chef y el menú degustación. Hay un momento para cada plato. Y ahí es cuando surgen las metáforas, porque es más fácil hablar de menús y analogías que decir vagina, pene y posturas sexuales.

Me pregunto si sabemos follar o hacer el amor en nuestra propia lengua. Me gustaría saberlo, porque a mí me cuesta. Aprendí a hablar en la cama en muchos idiomas en mi época de Tinder, que más adelante te contaré. Hacerlo en inglés, ningún problema. Pedir, preguntar, gemir, comunicarme se hace fácil. Otro idioma crea una distancia entre quién soy y el personaje. En castellano, me siento más restringida.

Hablar en la cama en catalán, ni pensarlo, todo el cuerpo petrificado. Las palabras se me atascan en una caravana imposible, como en un largo túnel. El porno hace de maestro de lo que la sociedad invisibiliza y tilda de tabú. Al no normalizar hacer el amor en tu lengua, te contaminas con expresiones copiadas, oídas miles de veces.

Adoptas un lenguaje que no es el tuyo y que te aleja de quien eres. Si no has encontrado tu propia forma de comunicarte durante el sexo, utilizas la capa de invisibilidad más a mano: el silencio sepulcral.

Las palabras de durante, de antes y de después de hacer el amor o follar con alguien son cruciales. La comunicación parece que en la cama desaparece, no es necesaria: los cuerpos hablan, dicen. ¡Y un cuerno! Esa es una mentira que hace mucho daño y yo me la creí durante décadas.

Los cuerpos hablan, sí, pero no hasta el detalle. No son capaces de decir:

—Tu barba se me clava en los labios de la vagina.

—Me encantan tus besos, pero controlemos la cantidad de saliva porque me chorrea la cara y estoy a punto de gritar.

La incomodidad se nota inmediatamente en el cuerpo, pero debemos filtrar con la cabeza para decidir si una molestia es digna de ser comentada. A veces, por respeto al otro, buscamos una palabra amable o callamos por no «cortar el rollo». Invalidamos las sensaciones corporales, que son el aviso espontáneo del autorrespeto necesario para estar cómoda y disfrutar.

Si hay confianza, si tienes una pareja sexual humanamente decente, puedes decir lo que piensas y no te juzgará: al otro lado habrá alguien que te escucha, que quiere que estés a gusto, a quien tu placer le excita y desea conocerte profundamente.

A veces, abrir la boca acabará en risas y bromas internas que solo los dos compartiréis y que se quedarán entre cuatro paredes. ¿No es mágico eso? Qué difícil nos lo ponemos para ser auténticos, para parar cuando ya no estás a gusto, para continuar o cambiar haciendo algo diferente.

Cuántas veces no quería, no me sentía a gusto y ni siquiera lo sabía. El cuerpo me gritaba, pero la cabeza tenía su propia autoexigencia. La vergüenza de sentirme egoísta por desear parar sin que la otra persona hubiera llegado —ese tampoco es el objetivo, pero nos lo han vendido así y hemos picado—, o de no reconducir una sensación poco agradable para no herir al otro.

Callas y en ese silencio te traicionas a ti misma. En la ausencia de sonido, de honestidad, la vergüenza se pasa en soledad para no hacerla visible a los ojos del otro.

Las niñas no se masturban

Recuerdo como si fuera hoy el vestuario del gimnasio del instituto. Nos obligaban a ducharnos después de clase de educación física. Era un espacio lúgubre, apagado y deprimente con un fluorescente que parpadeaba incesante. Allí, en unas perchas metálicas, unas chicas adolescentes colgábamos la vergüenza junto con la ropa.

Al principio nos duchábamos con bañador, no fuera que nos sorprendiéramos del cuerpo de otra mujer. Por suerte, fui pocas veces al vestuario. Siempre estaba lesionada haciendo teoría aburrida sobre la Course Navette. Intentaba con todas mis fuerzas no mirar el cuerpo de las demás, comparar sus pechos redondos con los míos, que apenas podía contener el sujetador. Ver piernas, culos y barrigas planas, perfectas a mi ojo crítico, que indudablemente distaban mucho de cómo lucía mi cuerpo.

Lo que más me chocó, sin embargo, no fueron los cuerpos, sino un tema del que hablamos un día y que me dio un argumento más para sentirme diferente, alejada de la realidad que vivía el resto. Una de las chicas, que si estuviéramos en América sería la típica rubia *cheerleader* de pelo liso con una coleta, nos preguntó:

—¿Vosotras os masturbáis?

Se hizo un silencio sepulcral, se podía cortar el ambiente con un cuchillo de sierra de mala calidad. Cejas arriba, facciones de la cara que hacían la montaña rusa y, como un efecto dominó, todas empezaron a decir:

—No.

—Yo no.

—No, yo tampoco.

En ese instante, me llevé la medalla de la mentira y solté un «no» tímido en medio del desfile de negaciones.

Reflexionando en los días posteriores, pensaba que no podía ser que ninguna de ellas hubiera explorado su cuerpo. Me parecía una frivolidad hacer esa pregunta buscando la nota discordante. Pensé que, si decía la verdad, que sí me masturbaba, habría sido motivo de burla y mis compañeras habrían pasado esa información al vestuario de los chicos.

A veces callar duele más que hablar. Nunca me ha gustado mentir, pero en la adolescencia me harté. Y cuando pensaba que mi espacio seguro para ser quien soy estaba dentro de las amistades íntimas, me equivoqué una vez más.

Nadie con dieciséis años quiere escuchar la verdad de alguien de su misma edad que habla igual que su madre. Esa era yo. Ser adulta antes de tiempo me dio ventaja con los adultos, pero con los iguales me convirtió en la voz de la conciencia. La voz que nadie quiere escuchar.

Tuve una muy buena amiga. Compartíamos estudios, viajes, aventuras, grupos de amistades y, aunque ella cambió de instituto, nuestra relación siguió como siempre. Sin embargo, la perdí por decir la verdad y, seguramente, por insistir en que esa verdad también fuera la suya.

Una noche de Nochevieja fuimos a casa de unas amigas suyas del nuevo instituto. Solo recuerdo despertarme por la mañana con la cabeza en el regazo de un chico que me acariciaba la cara suavemente.

No habíamos tenido ningún acercamiento la noche anterior y yo tenía pareja en ese momento. Me levanté de un salto y al irnos tuvimos un momento incómodo en la escalera. Él delante de mí, con muy poco espacio entre nosotros. Me vi haciendo la cobra y yéndome a casa.

A las pocas semanas, ese chico salía con mi mejor amiga. Él le había contado cómo se enamoró de ella al verla. Pero esa gran historia de amor había pasado en Nochevieja. Yo escuchaba el discurso y no me lo podía creer. Qué pedazo de cabrón, que la misma noche que estuvo buscándome a cada oportunidad fuera cuando se enamoró de mi amiga. Él no me gustó desde el primer momento. Cada vez había más argumentos para odiarlo desde esa rabia desmesurada adolescente que sientes cuando tocan algo que tú quieres. Yo echaba humo por las orejas en su presencia. Estaba plenamente convencida de que era un manipulador que destruiría la autoestima de mi mejor amiga. Y ella sabía que no me hacía ninguna gracia su novio.

Después de decenas de idas y venidas, de que la relación de pareja se rompiera y volviera a empezar, la última vez que volvieron ella no me lo dijo. Me sentí traicionada, ignorada. No la culpo ahora, yo no estaba preparada para oír otro capítulo de la misma historia.

Y nuestra relación de amistad se rompió en mil pedazos. Tiempo después, los recogimos como pudimos e intentamos rehacer la intimidad y la honestidad entre nosotras dos. Pero la cuerda de la confianza se tensó tanto que al romperse no pudimos volver a unirla.

Es una experiencia que me frena incluso ahora, en la edad adulta, me paraliza antes de poder decir la verdad. Me enseñó que ser yo y decir lo que pienso no siempre es aceptado, que la verdad a veces rompe las cuerdas que te unen al otro.

Pero ahora sé que aquella Meritxell de diecinueve años buscaba en mi amiga —otra adolescente con una pila de sentimientos desbocados y confusión— una persona adulta que no estaba ni tenía que estar. Y yo misma tampoco me comportaba como una adulta todo el tiempo.

Seguramente solté el freno de la rabia al verla sufrir otra vez por un imbécil rematado, y salieron palabras para protegerla que la hirieron de mala manera.

Deshacer el camino andado es muy duro. Resignificar la experiencia y recolocarla desde la mirada adulta hasta que la Meritxell adolescente dejase de tener rabia, sentido de pérdida e injusticia escrita en las venas me ha llevado treinta años de trabajo en mi jaula interior.

Te miro y me veo

Con la cabeza mojada tras la ducha y con el albornoz, he salido al patio a fumar un cigarro. Mientras iba cogiendo aire y humo, he decidido que me pondría delante del espejo y me miraría el cuerpo mientras escucho música alegre.

Sin darme cuenta, solo de cruzarse ese pensamiento, he empezado a fumar con movimientos cortos, con ansiedad. He dejado el cigarro. Respira, me he dicho y me he dirigido al espejo.

He empezado mirándome a los ojos y, sin poder evitarlo, lo siguiente que he visto son las estrías. Los rollitos de la espalda y la barriga que ya no lucen como antes.

Respira, respira. He seguido mirando y, al cerrar los ojos un momento, me he conectado conmigo misma. Y este discurso ha salido solo:

Cuerpo, tú que has dado vida, has dado a luz, las cicatrices visibles de dar para crear. Tú que me has proporcionado apoyo y raíces en los peores momentos. Perdóname. Perdóname por buscar siempre los fallos, las piezas no normativas, las partes que no amo. Perdóname. Estoy agradecida por el peso que sostienes, por la piel suave que tanto me gusta. Por unos ojos azules de herencia familiar. Estoy agradecida por cada una de las estrías que veo, que me han hecho crecer. No quiero esperar a amarte hasta que seas diferente, hasta que mi imagen de ti se haga realidad. Quiero amarte tal como eres, ahora mismo.

Envidio y admiro tu capacidad para cerrar heridas, para hacer crecer piel y vida allí donde hay dolor. Me has dado lo más preciado que tengo, mi hija Lluna. Hemos vivido un renacimiento juntas. ¿Y qué si no tenemos el cuerpo de las revistas? ¿Y qué si no volverá el cuerpo que tenía antes?

Te miro y me veo imperfecta, inadecuada, no normativa, gorda, y me quiero ver tal como soy. Bella, bonita, imperfecta, adecuada, suficiente, guapa, amada, querida. Ni una talla ni un peso ni un pantalón que no me entra por los muslos puede definir quién soy o cómo soy.

Cuerpo, te quiero en tu perfecta imperfección.

Quizás sí que puedo hacer yoga...

En el instituto, mi madre me hacía justificantes cada dos por tres para no hacer Educación Física. No solo porque no quería hacerla, que también, sino porque cuando no me hacía un esguince, me torcía la muñeca o acababa con el brazo escayolado. Llegué a hacerme hasta treinta esguinces, hasta el punto de que conocía todos los turnos de traumatólogos de urgencias del Hospital del Mar de Barcelona.

La sensación de entrar al gimnasio del instituto vestida con el chándal reglamentario sigue dentro de mí. Ese vacío en el estómago que no se va con nada se repite cuando no me siento en un espacio seguro.

El día de Educación Física era el peor día de la semana. Llegar a una clase, la única, en la que me sentía la peor alumna. No hacía bien los ejercicios, era torpe, pero, sobre todo, me sentía inadecuada, no me gustaba mi cuerpo y no funcionaba al ritmo de los demás.

Mi alergia al deporte se fue cultivando poco a poco. En P5 empezó el infierno. La primera profesora que tuve, la señorita Montserrat, con la inteligencia emocional de un zapato, nos gritaba y verbalmente me hacía sentir un saco inútil, sin habilidades físicas. Una negada. Aguantaba las lágrimas como podía para no explotar a llorar en medio de una yincana de aros en el suelo y obstáculos para saltar.

Aparentemente, los demás niños y niñas estaban deseando llegar a la única clase no intelectualizada del currículo, pero yo hubiera preferido ser domadora de leones en esa hora. Cualquier cosa antes que subir a una cuerda, saltar sin motivo o correr de un lado a otro. Lo pienso y vuelvo a ver esa luz blanca de los fluorescentes y el suelo resbaladizo que chirriaba al pisarlo.

Con un currículum deportivo absolutamente fallido, nunca intenté buscar lo que me gustaba en cuanto a actividad física. Y mi relación con el gimnasio era como con una pareja tóxica: intermitente y de dependencia.

Para bajar peso y para hacer del cuerpo una escultura que nunca conseguí, fui a parar a una clase de kundalini yoga. No requería forma física y se basaba, principalmente, en respirar. Solo por ver al profesor vestido de blanco y con turbante ya valía la pena ir. Me sentía una más. Por primera vez iba a una clase de actividad física sin sentir un vacío paralizador en el estómago.

Me reconcilié con caminar. Bajaba en la parada de metro anterior a la que me correspondía, solo para caminar el último tramo hasta llegar a casa. Solo caminando y llevando una dieta saludable conseguí bajar cuarenta kilos en dos años.

Mi relación con el deporte cambió por completo cuando en el edificio del trabajo pusieron un gimnasio con acceso gratuito para los empleados. Iba cada día con una compañera de trabajo. Cogíamos nuestra bolsa y, cinco días a la semana, a la hora de comer, bajábamos a hacer nuestra rutina.

Siempre me ha agobiado mucho pensar en lo que tengo que hacer, cómo funcionan las máquinas, la sensación de ridículo de compartir sala con los Hércules de gimnasio mientras yo paseo mis jamones ibéricos. Por suerte, mi amiga llevaba el orden de ejercicios: dos días, piernas; dos días, brazos; abdominales, bicicleta… Yo solo tenía que aparecer y dejarme guiar. Y además nunca había nadie. Solo estábamos nosotras dos, así que la vergüenza desapareció.

Cada vez estaba más en forma y me animé a correr. Los martes salía al lago con mi pareja. Y corriendo descubrimos un espacio de yoga al que nos apuntamos.

Boca abajo: invertidas

El primer día de clase de yoga parecía que nos hubiéramos apuntado a un circo. Era una clase avanzada y la gente hacía florituras. Todos boca abajo, haciendo invertidas y piruetas. En ningún momento me sentí estúpida. La profesora era muy amable y nos animaba a cada uno, en su nivel, a avanzar sin compararnos con los demás.

Su actitud, alegría y, sobre todo, la seguridad de que llegáramos hasta donde llegáramos estaba bien, hizo que las clases se convirtieran en un espacio seguro. De domingo a domingo fui soltándome, y el miedo a estar invertida fue desapareciendo. Empecé a confiar en mi cuerpo. A aprender que mis piernas y mis brazos podían sostenerme tanto o más que mi inteligencia. Había confiado tanto en que mi cabeza me sacaría de todos los problemas que había dejado al cuerpo fuera de juego en mi vida.

Cogí tanta confianza que incluso me planteé hacer un curso para ser profesora de yoga, algún día lo haré. Practicaba en la playa haciendo invertidas hasta que ya podía hacerlo sola contra la pared.

Cuando la sangre va bajando a la cabeza mientras te sostienes con los brazos y codos apoyados en el suelo, sientes que te comes el mundo. Cambias de perspectiva. La fuerza del autosostenimiento me forzó a confiar y creer en el poder de mi cuerpo, que yo había relegado a un pellejo sin utilidad, un lastre a arrastrar que me había creado quebraderos de cabeza y pocas alegrías.

Después vino el acroyoga, confiar en el otro. En el comedor de casa, con mi pareja y viendo vídeos, aprendimos a hacer diferentes figuras. Soltarme no fue fácil, confiar en que él podía sostenerme tampoco. Poco a poco, la relación de confianza entre los cuerpos se hizo evidente. Sabíamos cuándo habíamos puesto mal el pie, o cuando el eje del cuerpo no estaba alineado y la figura no salía.

Hacía tanto tiempo que ignoraba mi cuerpo, sin escuchar su voz ni valorarlo, que me había olvidado de cómo me da apoyo y me sostiene. Me alerta cuando algo no va bien y me enferma una y otra vez cuando hay elementos que deben salir de mi vida.

Mi lucha ha sido pensar que mi cuerpo era el enemigo y cerrar los ojos para no verlo, no sentirlo. Y ahora soy consciente de la sabiduría que me aporta. Lo escucho atenta.

Sé que cuando me duele la cabeza es porque le he dado demasiadas vueltas a un problema y tengo que respirar de otra manera. Si me molesta la muñeca, ya tengo determinado que es porque siento impotencia o indefensión. De tanto escucharlo, he descifrado sus mensajes y te puedo asegurar que no volveré a ignorarlo.

Me ha salvado de situaciones peligrosas, de personas que me querían herir y de miles de otras, de mí misma, de planes que mi cabeza había trazado, pero que ni mi corazón ni mi cuerpo eran capaces de caminar hasta cumplir.

9

BUSCANDO LA AUSENCIA DE CRÍTICA

«La crítica más dura es la que me hago a mí misma.»
Sylvia Plath

Odio conducir, y no es un odio a lo desconocido o a lo que no me gusta, sino a la ausencia de perfección. Conducir me confronta con mi ineptitud, mi falta de atención y destreza manual. Un odio a aquello que no sé hacer lo suficientemente bien.

Da igual cuánto conduzca, o cuántos lugares nuevos me atreva a descubrir o cuántos logros haya superado. He pasado de no conducir nada y tener pánico al volante, a poder hacerlo en el día a día para ir al supermercado, llevar a mi hija al colegio o recogerla.

Sé que he mejorado. Sé que doy pasos en la buena dirección. Sin embargo, al mínimo suceso que me confronta con la vergüenza de ser quien soy, el discurso se activa.

Cuando me apunté a un curso de caligrafía o *lettering*, me di cuenta de que tenía que ir en coche sola hasta un lugar nuevo y aparcar. Si conducir es el infierno, aparcar es quemarse en las llamas de la hoguera, como las brujas que quemaban hace cientos de años mientras el pueblo miraba el sufrimiento y la desgracia de una mujer ardiendo solo por el hecho de ser.

Pero el primer día allí, aparcada en un rincón de una calle estrecha, logré esquivar las llamas. Había salido con mucho tiempo de casa, había aparcado a un lado para no estorbar y me sentía a gusto conmigo misma. Incluso tuve tiempo de ponerme a leer *A casa teníem un himne*[17], de Maria Climent cuando la realidad llamó a la ventana.

—No puedes aparcar aquí —me dijo una chica que se había acercado—, tienes que aparcar en la carretera.

Al levantar la vista vi que los otros asistentes al curso, que sin duda desconocían el infierno, habían aparcado en fila en la carretera, bloqueándome la salida directa desde la calle donde estaba. Así que no me quedaba más remedio que dar marcha atrás, una quimera.

En la ignorancia, la persona que me había avisado ni sabía ni entendía que lo que me acababa de pedir era un imposible. Recorrer la calle marcha atrás, maniobrar y conseguir salir ilesa para aparcar en la carretera requería un milagro.

Ya me había puesto nerviosa. Notaba la sangre subiéndome a la cabeza, así que empecé a hacer maniobras sin sentido hasta que me estampé contra la valla del vecino con una serenidad que aún me sorprende. Un nerviosismo tranquilo.

La chica de antes me hizo señales para bajar la ventanilla. Obviamente, no había podido imaginar que acabaría estrellada en la valla.

—Te guío —me dijo con una parsimonia fuera de serie.

Sería mejor con ayuda que sin ella. La presión de que alguien me viera hacer el ridículo a cada paso aumentaba la vergüenza, el rechazo.

17. Maria Climent, *A casa teníem un himne*, L'Altra Editorial, 2023.

Dispuesta a sentirme idiota haciendo una maniobra de volante que cualquier humano efectuaría sin problemas, decidí continuar.

Tras una marcha atrás frenética, estamparme contra la valla y casi llevarme en el intento unas piedras que rodeaban un árbol, conseguí encarar el coche. La cara de la chica debía ser un poema, pero, al igual que yo, se esforzaba por mantener un gesto tranquilo, sereno. Los nervios iban por dentro.

Claramente, no necesité explicarle que tengo dificultades para aparcar y maniobrar.

—Puedes dejarlo detrás de este coche —me dijo.

Entonces vi el peligro de entrar en una carretera en la que, si tiraba más de lo debido a la izquierda, se me podía caer el coche por un barranco de dos metros de profundidad. Y yo con él al volante.

Mentalmente, quise cerrar los ojos y que fuera lo que Dios quisiera. Cuando por fin conseguí aparcar, más mal que bien, no sentí ningún alivio. La tranquilidad de la lectura de María Climent se había quedado atrás.

No me sirvió de nada llegar temprano, tampoco celebrar la pequeña victoria de haber sido la primera, ni siquiera de haber aparcado en un rincón. Aquellas pequeñas victorias desaparecieron con lo que consideré una catastrófica llegada triunfal.

Salí del coche, lo cerré de un clic y vi que no había nadie. No sabía a dónde tenía que ir, así que empecé a caminar en dirección a la casa donde se impartía el curso, donde me encontré con otra chica.

—Ya están arriba, sube por esas escaleras y las encontrará allí, en el comedor —me indicó.

Sentía la necesidad de disculparme, pero había una parte de mí que quería volver a subir al coche y huir en dirección contraria, que ya ni siquiera quería hacer el maldito curso de *lettering*. En aquel momento, pensaba que no había valido la pena el mal trago.

Me encontraba en un estado de vergüenza por ser yo misma, estar dentro de mi piel y sentir la necesidad de tener que explicarlo, justificarme. Decir en voz alta que no sé lo suficiente, que lo siento, que me he esforzado, pero, aun así, no ha sido bastante.

Para mi sorpresa, cuando entré en la sala nadie dijo nada, ni tan siquiera:

—¿Qué demonios haces? ¿No sabes aparcar?

Ni tampoco un:

—¿Estás bien? Tranquila. ¿Quieres un té?

Lo primero que oí fue:

—Id a lavaros las manos.

En aquel momento pensé que volvía a tener cinco años y me vi haciendo cola en un pasillo con tres mujeres adultas para lavarnos las manos. No entendía qué tenía que ver dibujar letras con la pulcritud de las manos, pero aun así obedecí y me las lavé.

No fue el hecho de lavarme las manos lo que me sorprendió, sino la autoridad sin escapatoria de la demanda, sin explicación coherente. Una norma y punto.

Durante clase, no me salía nada y me limité a hacer trazos gruesos y finos. Tres horas de dibujar letras en el silencio más sepulcral. Conseguí avivar la curiosidad apuntándome un par de libros que vi en las estanterías del comedor y continué en la procesión de vergüenza y tristeza que llevaba dentro en silencio.

Creo que ni siquiera hablaba mi mirada. Yo no era más que un saco de piel sentado en una silla haciendo *lettering*, cuando lo que querría es entrar en una cueva y no salir de ella.

No vi el momento de irme. Cuando tuve claro que ya habíamos terminado la clase, me puse rápidamente la chaqueta y cogí la mochila para huir de allí a toda prisa.

Al despedirnos, unas palabras se me clavaron como una daga:

—Ten cuidado al conducir.

Palabras vacías. No percibí ni una pizca de preocupación ni de sentimiento. Detrás de esa calma impasible y de lo que podría parecer un deseo genuino, noté el rechazo, una rabia contenida. Una sutileza sibilina que escondía el mensaje real. Qué pereza la falsedad que se gasta a diestro y siniestro.

Puse una sonrisa falsa de oreja a oreja, sin los ojos y dije adiós. Me fui con peor cuerpo del que entré.

El gran rechazo del día no fue sino el mío propio de castigarme internamente por no saber conducir. Fue el silencio, que repudia más que las palabras. La indiferencia ante el sufrimiento ajeno. Y no sé si aprenderé a conducir o a aparcar, lo que tengo claro es que no volveré a hacer *lettering* en aquel lugar.

Lo que más odio ya no es conducir, es la indiferencia, la falta de deferencia, de humanidad, de rabia bajo palabras vacías. La ausencia de sentimiento detrás de una sonrisa que no tiene razón de ser.

Con rabia, desconcierto, vergüenza y rechazo me volví a casa con una carpeta de letras bonitas que decía: «Momentos», «La vida es bonita» y «Sonríe», las palabras que escribí a mano durante toda la tarde.

Tal vez debería haber escrito: «Indiferencia», «La falsedad de la sonrisa» y «La preocupación inexistente».

La lentitud me irrita

La lentitud me irrita, me genera una inquietud interna. Veo a mi pareja toquetear el teléfono y pulsar botones a diestro y siniestro sin encontrar la opción que busca y el primer impulso es quitarle el móvil de las manos.

Hasta ahora pensaba que era impaciencia, que tenía que trabajar en entender que los ritmos de los demás poco tienen que ver con los míos. Me he creído que debía aprender a respetar, a observar que los ritmos son diversos. Y quizás hay verdad también en eso.

Ahora sé con certeza que lo mío no es impaciencia, es parte de mi herida. En mi infancia, reaccionar rápido era un valor para sobrevivir. Mi sistema nervioso asocia de manera inconsciente la lentitud con una amenaza. Sé que la calma es un estado natural. No tengo que vivir en alerta permanente.

Ya no necesito seguir viviendo desde ese espacio en el que la rapidez es la única manera de sentirme segura. La pequeña Txell asoció la rapidez a la efectividad, a solucionar, a no cometer errores y no permitirlos. Si fallabas, las consecuencias podían ser devastadoras.

De adulta puedo ver cómo la velocidad que cojo es un sistema de defensa, mi mecanismo por defecto para garantizar mi seguridad. Bajando a toda velocidad, me he precipitado por el pedregal hasta que solo el freno de mano ha logrado parar la caída.

No siento ya el impulso de la rapidez. Quiero ver la calma como un derecho que tengo como mujer, como persona, como ser humano, que me permite vivir en paz.

Ya no necesito una seguridad falsa ni la exigencia de la perfección. Me acostumbré a hacerlo todo sola, a no necesitar ayuda y ni siquiera probar a pedirla. De repente me di cuenta de que la misma rapidez que me salvó en la infancia me estaba estrellando en la edad adulta.

Resignificar y aprender que el camino por defecto aprendido es, normalmente, el equivocado, me ha costado quebraderos de cabeza evitables. He tenido que aprender a cambiar de rumbo a base de golpes sangrantes contra la pared para entender que hay que girar a un lado u otro, porque ir contra el muro ha dejado de ser una opción. Soy capaz de girar el volante, cambiar de sentido y reconducir, dejando atrás el empeño en sacrificarme por no abandonar la opción escogida.

El perfeccionismo

Yo era la sabelotodo de la clase. Sacaba buenas notas, era la preferida del profesorado y, por qué no, un poco repelente. En mi casa, llevar un examen suspendido se consideraba la excepción. Desde su buena intención, cuando yo llegaba como una fiera con un suspenso con un cuatro pelado, mi madre me decía:

—Iremos a celebrarlo.

Yo la miraba con cara de haber perdido la cordura. Y contestaba:

—¿Por qué no puedes ser como las madres normales que se enfadan y regañan a sus hijos? Es increíble que cada vez que suspendo vayamos a cenar fuera para celebrarlo.

Y su respuesta me llevaba de cabeza a la autoexigencia y al perfeccionismo.

—¿Pero piensas suspender otra vez? —decía mientras yo negaba con la cabeza—. Entonces lo celebramos, que esto no pasa nunca.

Sé que mi madre lo hacía con la mejor de las intenciones. Ella me veía frustrada, enfadada y con la tristeza que llega cuando has fallado. Había cometido un error y ella quería a toda costa quitarle hierro al asunto, hacer de la excepción un motivo para celebrar. Para mí, era invitarme a poner mis sentimientos en una caja, a olvidar la frustración que sentía y salir a festejar un hecho que no me provocaba ninguna alegría.

No podía fallar. Para mí no estaba permitido, ni aunque fuera una excepción. Así empecé un flirteo insano con las expectativas. Como todos tenían estándares altos para mí, hice mía la costumbre. Tenía una esperanza muy alta en las relaciones de amistad, de pareja y conmigo misma.

Esta actitud me llevaba por un camino tortuoso en el que no me permitía el error. Y cuando este aparecía, como es de recibo, me encerraba en la habitación y me mordía los puños para sacar la rabia que sentía por ser una mera mortal. Había aprendido que yo no tenía ese derecho de exteriorizar la tristeza, la rabia humana.

Y el mundo me enseñaba a reafirmar esa creencia en cada experiencia que vivía, o al menos yo buscaba esa justificación y los demás allanaban el camino.

Cuando yo era pequeña, a mi abuelo se le metió entre ceja y ceja enseñarme a jugar al ajedrez, porque le encantaba jugar. Como ya he contado, él era un maestro del perfeccionismo. Así que pronto me convertí, con toda la rapidez de la que fui capaz, en una *crack* jugando al ajedrez. Y cuando ya llevaba con él varias partidas ganadas, a modo de victoria le dije:

—Ya no hace falta que juguemos más. Ya sé jugar. He ganado.

Quería poner fin a la tortura de la corrección constante, la inadecuación.

Estas son creencias que surgen dentro del árbol familiar y que te toca tragar sin agua hasta el día que abres los ojos y te das cuenta de que no son cosa tuya, que de tanto repetirlas y hacerse visibles te han sido impuestas.

No es casualidad que yo tenga expectativas muy altas para mí y para los demás, estándares imposibles que son inalcanzables. Y la autoprofecía se cumple a cada oportunidad: todos me fallan y soy yo la que tiene que solucionar, hacer y encontrar un camino. No puedes confiar.

Lo que es correcto

Admiro y me dan rabia las personas que son políticamente incorrectas. Quisiera por un día tener la inconsciencia o la destreza de navegar las normas sociales no escritas y no flagelarme internamente a cada paso en falso.

Un día fui con mi madre a una charla sobre la pedagogía Waldorf. Nada más llegar, nos encontramos con una madre de la escuela que llevaba un bebé en una mochila de porteo en el pecho. El bebé debía tener como mucho un mes, iba abrigado con una manta y miraba a su alrededor con curiosidad.

El bebé no hizo ningún sonido, ni ruido ni llantos durante las tres horas que duró la charla.

—Parece que no exista —dijo mi madre mirando al bebé con una sonrisa.

Entonces vi la cara de la madre, que abría los ojos de par en par, y supe que el mensaje no le había llegado bien.

—Sí que existe. Pobrecita —corrigió.

No hacía falta un intercambio más rico de palabras para entender que mi madre se refería al silencio poco propio de un bebé que había sido un ejemplo de comportamiento para los adultos. Pero la madre había visto borrar de la existencia a su hija de un plumazo con una sola frase.

Si me hubiera pasado a mí, este diálogo se habría repetido en mi cabeza durante toda la jornada. La vergüenza de la palabra mal dicha, de la frase incorrecta. La lejanía de la perfección me perturba igualmente.

¿Cómo se hace para ser normal? Se me escapan las normas sociales, se me escapa lo que todos entienden como lo que es correcto y lo que se debe hacer. Debe ser que al nacer a los demás les daban un manual que han estudiado sobre lo que consideramos bien y mal. A mí esa circular no me llegó. Y cuanto más tiempo pasa y más mayor me hago, menos busco la información que parece que todos tienen.

Ahora bien, la vergüenza no se va. Ni la propia, ni la ajena. Ver los ojos abiertos de la madre me hizo igual o más daño que si las palabras hubieran salido de mi boca.

Y a la vez me ahorré rumiar durante horas cuál habría sido el camino alternativo. Mi madre se olvidó de esta situación, y si al cabo de unos meses yo se la hubiera recordado, no habría sabido de qué le hablaba. A mí el rechazo se me clava bien adentro, donde las cicatrices no se ven, pero se notan al tacto.

Llega la disforia al rechazo[18] y a cada rechazo recibido, visto, mío o ajeno, la cicatriz se abre de nuevo. Sin querer, sin poder evitarlo de ninguna manera. A plena luz del día percibo el dolor, la tristeza y ese sentido de inadecuación que me persigue.

¿Quieres bailar conmigo?

Un domingo, mi pareja y yo decidimos ir a un baile al pueblo de al lado. En la plaza, habían organizado un encuentro informal, con un altavoz y muchas ganas de moverse a ritmo de salsa y bachata en plena calle.

Hacía tiempo que queríamos salir a bailar, y aunque teníamos a la niña el fin de semana, nos animamos a ir los tres sin muchas

18. Disforia al rechazo en TDAH (también conocida como «disforia sensible al rechazo» o RSD, por sus siglas en inglés) es un término que describe una reacción emocional intensa y dolorosa ante la percepción —real o imaginada— de rechazo, desaprobación o crítica. En personas con TDAH, esta disforia se manifiesta como una sensibilidad extrema a sentirse rechazadas, ignoradas o no valoradas, lo que puede provocar episodios de tristeza profunda, ira, ansiedad o incluso vergüenza.

pretensiones. Esperábamos encontrar a nuestros compañeros de clase, pero no estaban allí. Así que nos turnamos: uno se quedaba con la niña mientras el otro buscaba pareja de baile.

En un pueblo, todo el mundo te suena, te cruzas con la gente en la gasolinera, en la panadería, por la calle… Bailé con un señor que mi pareja conocía. Nos presentó y, con una sonrisa, le dijo:

—¡Saca a bailar a mi mujer!

La sonrisa y la broma duraron poco. En los primeros pasos, adelante y atrás, me sentí absolutamente miserable.

—Pierdes el paso —me soltó—. Haremos cosas muy básicas porque eres un desastre. Así no.

Cuando terminó la canción, me sentenció diciendo que necesitaba mucha práctica y que bailaba mal.

¡Qué manera más gratuita de comunicarse con alguien a quien no conoces de nada! Supongo que no había recibido la circular de ética socrática sobre callar cuando la respuesta a las siguientes preguntas es «no»: ¿es amable? ¿Es necesario? ¿Es verdad?

No deja de sorprenderme cómo alguien tiene la capacidad de hundirte en segundos. No me importa que crea que bailo mal, ni siquiera si es verdad. Me sentí avergonzada por un instante, pero enseguida me invadió la rabia, esa que no supe expresar en el momento.

¿Qué necesidad hay? La amabilidad se ha perdido. Cuanto más resoplaba y más molesto se sentía aquel señor, más perdía yo el compás. Quise gritar:

—¡No es que no sepa bailar, es que tu estupidez me hace perder el ritmo!

Dirigida por sus brazos, la parálisis me secuestró. Volvía a ser una niña rechazada, sin recursos, ni una palabra salía de mi boca para defenderse.

No sabía si atreverme a volver a la pista. Entonces, encontré una cara conocida y, para superar el mal trago, me lancé de nuevo. Bailamos como dos extranjeros que hablan mal inglés, pero se entienden perfectamente entre ellos. Cuando terminó, me dijo:

—¡Bailas muy bien!

El nuevo comentario me produjo una ensaimada de confusión glaseada con vergüenza y rechazo. ¿Por qué me preocupa si piensan que sé bailar o no? ¿Por qué hago mía la opinión ajena?

En realidad, no me importa lo que piensen. Es más triste que eso. Es la necesidad de validación, o su ausencia mezclada con la brusquedad, la falta de tacto y amabilidad, que reabre una herida latente.

No es su comentario lo que crea la herida, sino lo que la despierta. Vuelvo a ser la niña que no quería jugar al fútbol ni hacer corro en el patio. La rara que leía en las escaleras del colegio, apartada de todos.

He sido la empollona de la clase, la que saca buenas notas, la envidia y el odio de muchos. Pero, seguramente, nadie ha sentido compasión por esa niña que parece perfecta pero que, por dentro, siente que no lo es a cada segundo. Una niña a la que nada le es suficiente y que utiliza la perfección como coraza para evitar la crítica y seguir huyendo de un rechazo que, tarde o temprano, siempre llega.

Bailando con el rechazo y la vergüenza, me he dado cuenta de que el cuerpo se me paraliza. Cuando no me siento a gusto, soy incapaz de huir o poner un límite; los pies se me anclan al suelo y las palabras no fluyen. Mi sistema nervioso elige la parálisis como escudo, como si fuera la única salida posible.

Ahora sé que tengo que encontrar un espacio seguro dentro de mí, un lugar desde donde poder impulsarme para ser auténtica, y decidir si quiero luchar o marcharme de donde no me siento bienvenida ni segura.

Voces creativas

Llego. No sé dónde aparcar, decido salir del coche después de pisar con las ruedas un camino de tierra y parar delante de un puesto de fruta y verdura.

—Perdona, ¿dónde puedo aparcar para ir al taller de voces creativas?

—Aquí mismo.

Me señala un trozo de campo en pendiente. Por suerte no hay nadie más aparcado, no hay maniobras, me atrevo a pisar el acelerador y aparcar. Cuando salgo del coche, llega otro y la conductora me mira con cara de «has aparcado en medio del campo». O eso me parece a mí que me dice con los ojos.

Es el primer día que voy a voces creativas, una actividad de canto grupal con un formato alternativo. Las participantes ya se conocen entre ellas. La facilitadora me mira como si fuera un mosquito que tuviera que hacer desaparecer. Al llegar le he dado dos besos y ella ha reaccionado como si le hubiera manchado la ropa; me gritan sus facciones tensas y un beso al aire a medio metro se me clava en el pecho.

Empezamos sin presentaciones, como si no acabara de llegar al grupo. Estoy incómoda, no sé qué haremos ni me siento especialmente bienvenida. En la colchoneta empezamos el movimiento para conectar la voz con el cuerpo. La cabeza me va a mil por hora, repaso y escruto a cada mujer de la sala, el rincón más pequeño, las paredes, el suelo. En un espacio nuevo voy absorbiendo el entorno, buscando el control y la seguridad.

Cuando llevamos media hora haciendo movimientos de cuerpo en la colchoneta, me pregunto cuándo cantaremos, pero no lo digo en voz alta. Espero impaciente escuchando el discurso de mi propia cabeza en el silencio de la sala.

Por fin, parece que ha llegado la hora de cantar.

—Cantaremos la canción del otro día.

¡Genial! Ahora sí que voy a sentirme parte del grupo. Cantando una canción que saben todas menos yo. Esfuerzo cero por parte de la facilitadora, ni un comentario tipo «Tranquila, que la repasaremos», o «Aquí tienes la letra». Me resigno a hacer *playback* y mover los labios como un pez. Para más inri, la letra está en un idioma ininteligible.

Cuando pienso que toda la clase será así y la profesora va a fingir que no existo, empieza a decir los versos de la canción poco a poco para que nosotras los vayamos repitiendo. Siento que me he equivocado. Yo que quería encontrar un lugar donde divertirme y cantar. Esto no es nada divertido. He rodado por el suelo durante media hora, me he sentido sola e ignorada sin que nadie tuviera en cuenta mis necesidades y ahora hago el pez con una canción que no creo que pueda aprenderme.

Me doy cuenta de que no solo es mi primer día, hay una chica morena italiana de labios rojos y olor dulce a mi lado que también está probando como yo. No parece estar fuera de lugar, está con una sonrisa de oreja a oreja.

Quizás soy yo la que no encajo, la que siente que el mundo me rechaza e ignora, pero no, a mí no me parece normal esta carencia de amabilidad cuando alguien se incorpora al grupo.

La siguiente canción es en búlgaro, para ponerlo fácil. Por suerte, solo tiene tres estrofas y se repiten continuamente. Esta vez hemos tenido suerte y la facilitadora nos acerca la letra en una libreta escrita a mano.

La agarro y la pongo a cierta distancia de sus labios rojos y los míos para poder ver la letra. Me canso, llevo unos minutos eternos aguantando la libreta entre las dos. Miro a la chica y le acerco la libreta, no quiero sostenerla más. ¿Por qué tengo que sujetarla yo?

Ella, con un movimiento ágil, coge la libreta y la deja en el suelo, a una distancia suficiente para que las dos podamos ver la letra. Me siento estúpida. A mí no se me había ocurrido. Estoy tan acostumbrada a sostener, a trabajar doble, a hacerme responsable, que soltar la libreta me parece un acto de rebeldía.

Somos dos mujeres nuevas en la clase y, por alguna razón, soy la única con una incomodidad permanente. Terminamos la clase y la chica de labios carmín saca de su bolso unas tarjetas. Alquila un apartamento turístico en Sicilia y, sin sonrojarse, nos las reparte a todas nosotras.

Me pongo los zapatos y pienso que ojalá pudiera sacudirme la vergüenza y ponerme a repartir tarjetas de autenticidad como ella.

Evitar el dolor del mundo

Hija mía, mamá querría evitarte el dolor del mundo. En la biblioteca, sentada en la alfombra, te quitas los zapatos y salen disparados uno en cada dirección. Respiro, mi sentido de la corrección y el saber estar entra en crisis. Me digo: «Es una niña». No puede tener un comportamiento modélico todo el tiempo.

Saca un libro tras otro hasta que apenas se ve la alfombra bajo nuestros pies. Le he enseñado que cuando ha terminado con un ejemplar debe dejarlo en el carrito y llevarlo diligentemente a su sitio.

En la sala de lectura hay alboroto. Un par de niños de unos diez años están jugando al *Jenga*, colocando una pieza de madera sobre otra. Los veo ruidosos y maleducados. Lluna los mira y me sonríe. Sé que quiere ir a jugar con ellos, la animo:

—Ve con los niños, amor.

Se va acercando y me mira de reojo para asegurarse de que todavía estoy allí.

—Estoy aquí —digo en voz alta.

Sin decir nada, se sienta sobre sus rodillas y coge piezas y colabora con la torre. No les habla, con un simple gesto ha indicado que quiere jugar con ellos, ser una más.

Los niños estallan a reír. Se burlan de que es pequeña, seguramente sin ninguna maldad, pero yo lo siento como una flecha que se me clava dentro.

Uno de los niños le da un pequeño empujón, a ella no le ha gustado, pero no se molesta visiblemente. Estoy alerta. Hago un esfuerzo por quedarme al margen, sentada en el suelo, y no levantarme a darle una bofetada.

Miro a las madres que permanecen en una mesa charlando, sin prestar atención a lo que está pasando o a la actitud poco respetuosa que tienen sus hijos, no solo hacia Lluna, sino hacia el resto de lectores. Están haciendo ruido, gritando, dando golpes… La bibliotecaria me mira y las dos nos hablamos con los ojos mientras ella va guardando los libros del carrito en las estanterías.

Me ha dolido el empujón, me ha dolido la sonrisa burlona. Que no me la toquen, que no la rechacen. Sé perfectamente cómo se siente, lo he sentido mil veces. Y a la vez la miro y veo que sigue poniendo piezas y sonriendo a los niños, y me doy cuenta de que el dolor lo siento yo, no ella.

Ella quiere jugar con los demás, ser una más en el juego, participar, comportarse como una niña grande. Los niños empiezan a correr por la biblioteca haciendo aspavientos. A Lluna le falta tiempo para ir detrás de ellos y pronto todos corretean por la sala.

Le digo que no podemos correr, que estamos en la biblioteca. No se debe hacer ruido. ¿Cómo puede entenderlo si los niños grandes también lo están haciendo?

Quiero penetrar a las otras madres con la mirada. Querría decir:

—Estáis criando a unos abusadores, irrespetuosos y maleducados. Enhorabuena. Mientras charláis estáis malcriando a unos seres humanos que saldrán ahí fuera y despreciarán a los demás, no respetarán las normas de convivencia.

Hace rato que me contengo, manteniéndome al margen, dejando que Lluna viva la experiencia. Me recuerdo que ha ido sola a jugar con los niños sin acompañarla. Es un gran logro. Se ha acercado sin necesitar que yo esté a su lado, se ha atrevido, ha jugado y se lo ha pasado bien.

Y, aun así, me siento deshecha por dentro, como la textura de unas papillas de bebé que pasan por la garganta sin esfuerzo. No quiero que le hagan daño, que la traten mal y me cuesta digerir cómo hay otros adultos que no tienen este mismo principio para educar a sus hijos en consecuencia.

Recuerdo que he visto a estos niños en una milésima de segundo de su vida, que este momento y estas palabras no son todo. Me convenzo de que las madres también son humanas y necesitan una conversación de adultos y ser mujeres, amigas, unos minutos.

Con la última carrera ya he tenido suficiente. Quiero marcharme de la biblioteca y dejar en esa alfombra la impotencia, el rechazo, el dolor de ver que no puedo salvarla, no puedo evitarle la experiencia. Me duele.

Querría parar cada golpe con mi cuerpo para que no se haga daño. Querría poder mirarla por un agujerito cada día, como hoy he hecho desde la punta de la alfombra mientras ella se adentraba en lo desconocido.

Tengo que aprender a mantenerme al margen, a poder sentarme y gestionar el malestar, el cosquilleo que me brota. Las lágrimas que se aprietan en el lagrimal y no bajan, las palabras que no salen y que con la mirada canalizan el dolor en forma de rabia y enfado.

La escuela de mayores

Hace unos meses fuimos a ver la escuela de niños mayores. Un salto de la guardería al lugar donde los menores harán crecer su alma desde infantil hasta primaria. Lluna estaba ilusionada, descubriendo cada rincón y explorando la parte exterior: el arenero, la fuente, los utensilios colgados a su altura, los columpios y las plantas que rodean el espacio coronado por una higuera en medio del patio.

Empezamos a bajar unas escaleras hechas de troncos que crujen a cada paso, y a mitad de la bajada, de repente, nos sale al encuentro una alumna.

—¡Oye, pequeñaja! Tú no puedes estar en este patio —dice aquella niña parada delante de nosotras con las manos en las caderas y una pose chulesca.

En aquel momento, la palabra «pequeñaja» resuena dentro de mi cabeza. Me late en las sienes y me veo plantada delante de una niña de siete años a la que querría aplastar.

Siento el rechazo de nuevo, la sensación desoladora de cuando no te quieren en un sitio, cuando quieren que te vayas y harán todo lo posible para hacerte sentir incómoda.

Controlo el dolor y la rabia que siento y digo:

—Venimos a mirar el patio de los mayores, estamos visitando todos los patios.

Le doy la mano a Lluna y bajamos por las escaleras.

La niña me mira como si nos hubiéramos vuelto locas y de un salto sube a un banco de trabajo diciendo:

—A ver si puedes hacer esto, enana.

El fuego me quema por dentro. Siento las llamas salir entre los dientes y creo que en cualquier momento me convertiré en un dragón de dibujos animados.

Decido ignorar el comentario. No vale la pena, no es mi papel educar a los hijos de los demás ni dar lecciones de lo que es correcto.

Nosotras seguimos centradas en lo que hemos venido a hacer. Exploramos el exterior. Lluna sube a unos troncos del patio prohibido, con tan mala suerte que resbala y se queda con las piernas abiertas y un golpe justo en medio. Se ha hecho daño. Espero tranquilamente como puedo su reacción.

Murmura algo y me dice:

—Mamá, me ha hecho un poco de daño, pero ya está.

Una parte de mí piensa que la maldita niña de siete años tenía razón y estoy aquí haciendo el tonto por refutar su afirmación.

Me centro en Lluna. Exploramos una cabaña hecha con cañas. Ella entra como si nada y yo tengo que agacharme para poder encajar mis 1,73 metros de altura dentro. Puedo estar de pie, pero no muy cómoda. Las cañas me tocan el pelo y siento que me tiran fuerte.

Por unos segundos vuelvo a la escuela primaria, con la tirantez del pelo bien recogido con las tres vueltas de la goma que aguantaba las coletas, una a cada lado. Este patio es realmente un retorno al pasado.

Sentadas cada una en un extremo del columpio hecho con un tronco y dos cuerdas para agarrarse bien, me olvido de la niña que custodiaba el patio, del rechazo que he sentido. Observo a Lluna y ella lo ha hecho mejor que yo.

Es ella quien ha decidido no acercarse a la niña ni a sus amigas. Es ella quien ha tomado la decisión de desvincularse de la mala vibra, de no ir donde una no encuentra amabilidad. Ni siquiera las ha mirado. Simplemente las ha ignorado sin malicia ni mala intención. Ha seguido explorando el patio conmigo.

Ojalá pudiera aprender tan rápido como ella. No poner un pie donde no me quieren, pero, sobre todo, ser yo la que no quiero estar ahí y pasar de largo. Admiro su determinación y valentía. Lluna me enseña cada día a encontrar el valor dentro de mí, a pesar de la amenaza y la incomodidad.

10

LOS LÍMITES AUTOIMPUESTOS

«No estoy aceptando las cosas que no puedo cambiar,
estoy cambiando las cosas que no puedo aceptar.»
ANGELA DAVIS

Mi relación con los límites ha sido de amor y odio. Durante mucho tiempo he pensado que no tenía ningún problema en ponerlos y cuanto más consciente soy de que el límite es interno y no hacia el otro, me doy cuenta de que tengo que trabajar el respeto hacia mí misma.

Ayer mi suegra me agarró del brazo, con una mano tensa que no temblaba ni un milímetro. Sentía sus dedos clavados en mi piel. Ella quería que la escuchara, pero yo en ese momento me paralicé y me sentí agredida, incapaz de alzar la voz para ponerle un límite.

Me vi como un animalito asustado que retrocede ante el depredador, ante el peligro. Iba caminando hacia atrás para huir de la presión física, del contacto que experimentaba como un gesto violento en ese instante.

Me he dado cuenta de que hay muchos tipos de límites y he notado que con los que más me cuesta luchar es con los físicos. Y eso tiene un porqué, algo que no hace mucho que he logrado entender.

Después de leer *Alas. Historia de un cuerpo herido*[19], de Claudia Campillo, que devoré en veinticuatro horas, dentro de mí hay piezas que se han recolocado. Y con la dificultad que tiene abrir un espacio vulnerable, las quiero compartir contigo, a pesar de la vergüenza, el miedo y la ansiedad que me generan.

Claudia narra en el libro su historia de abuso sexual. Lo hace con honestidad, claridad y con un discurso natural que pone el foco en las heridas que se manifiestan a lo largo de su vida a raíz del trauma. Cuerpo, mente y emoción.

Lo que más me ha impactado de su relato es el énfasis que pone en el cuerpo, la disociación, la desconexión y la metáfora de las alas, la necesidad de emprender el vuelo y cómo la sabiduría interna hace que desaparezcas de donde estás y te vayas lejos cuando aún no eres capaz de procesar lo que te está pasando.

Siento la necesidad de romper mi silencio para dejar la vergüenza atrás y poner sobre la mesa mi experiencia.

Durante mucho tiempo no conté a nadie que cuando tenía tres años sufrí un abuso sexual. En ese momento de inocencia robada no sabía qué era el abuso. Ocurrió una tarde como cualquier otra en casa, en mi espacio seguro. Yo tenía tres años y mi hermanastro tenía doce. Estábamos jugando en su habitación al *Super Mario Bros*. No recuerdo cómo fue, solo tengo la imagen de estar tumbada en la cama notando su peso sobre mí, inmóvil, sin poder mover ni un dedo. Paralizada.

Recuerdo la escena desde fuera de mi cuerpo, como si yo fuera la cámara de una película que graba desde fuera la acción. No entendía

---

19. Claudia Campillo, *Alas. Historia de un cuerpo herido*, Nube de Tinta, 2025.

bien qué estaba pasando. Notaba que mi cuerpo reaccionaba y había una parte agradable y a la vez una impotencia de no poder escapar.

Solo pasó una vez. En ese momento, le conté a mi madre lo que había sucedido. Notaba molestias en las ingles y en el fondo había una sabiduría interna que me decía que eso no estaba bien. Que lo que había pasado tenía que contárselo a mamá.

Mi madre me creyó. Mantuvo una calma que envidio. Ahora que soy madre, no sé cómo reaccionaría yo en esa situación.

Pasó una vez y no volvió a pasar más. No volvimos a hablar más de ello en casa ni en ningún sitio.

A mí y a mi hermanastro, sin poner una norma explícita, no nos dejaron nunca más solos en casa ni en ningún sitio.

Cuando conocí a Mar Moleón, autora de *La voz escondida en el silencio*[20], una mujer valiente que sufrió abusos durante doce años a manos de su padre, me sentí ridícula.

¿Cómo iba yo a poner sobre la mesa mi experiencia cuando había sido solo una vez, por parte de un niño y no de un adulto con pleno conocimiento?

Tuve una conversación sanadora con ella que resignificó esta experiencia. Gracias, Mar, por ser un espacio seguro. Un abuso es un abuso, no hay medida, no hay un culpable más que otro.

Y le puse palabras. De pensar en «aquella situación que me pasó», me atreví a ponerle nombre: ASI (abuso sexual infantil).

A raíz de esa conversación sanadora, abrí la caja de los truenos de nuevo con mi madre. Habíamos tenido la primera conversación sobre el abuso cuando yo tenía tres años y con treinta y cuatro volvíamos a

20. Mar Moleón, *La voz escondida en el silencio. Cómo superar el abuso infantil*, autoedición, 2021.

abrirla. Al ponerlo encima de la mesa, descubrí que ella era plenamente consciente del secreto que yo me había guardado tanto tiempo.

Decidí que debía volver de nuevo a esa habitación donde me crecieron alas para escapar de mi cuerpo, pero esta vez no estaba sola. Mi madre me dijo:

—Txell, no volví a comentar este tema porque pensaba que lo habías olvidado, pero estaba preparada para hablarlo si algún día lo mencionabas.

Me deshice por dentro. Qué gran presión interna sentí durante tanto tiempo tras guardar un recuerdo borroso que volvía con fuerza en cada relación o acercamiento físico y que estaba presente diariamente sin que yo fuera consciente.

Volver a hablar de ello, recolocar la experiencia, dejar de sentirme menos, no quitarle importancia a la situación, me ha permitido integrarla como parte de mi historia.

Pienso en mi suegra sacudiéndome el brazo y ahora sé qué me pasa. Volví a transportarme a aquella habitación. Volví a tener tres años y me paralizaba sin poder moverme bajo el peso de otro cuerpo inamovible que usaba el mío a su voluntad.

¿Cómo es el cuerpo y su sistema de protección, de alarma? Como un semáforo: te alerta en las situaciones que recuerdan a un peligro conocido. La piel tiene memoria. Nota la amenaza y busca la solución por defecto que te hizo sobrevivir: parálisis, huida o lucha.

Cuando el recuerdo vuelve al cuerpo, me siento como el pequeño elefante que luchó por desatarse las cadenas y, llorando, aceptó su destino. De mayor ya no volvió a intentar desatarse. El recuerdo del fracaso mata el futuro intento de libertad.

He crecido. Ya no soy el pequeño elefante que intentaba liberarse de la cadena de hierro, símbolo de la esclavitud. El recuerdo fallido de liberación cala hasta los huesos y de mayor he creído ser ese elefante que no pudo escapar.

Ahora sé que tengo recursos a mi alcance, que si tiro con fuerza me llevaré por delante la cadena y me liberaré. Ya no soy una niña indefensa de tres años. Puedo maternarme, sostenerme, darme apoyo y acompañarme en situaciones que me enfrentan con ese recuerdo, y poner los límites adecuados para mi salud mental, física y emocional.

Tinder y los límites físicos

Los límites físicos, sin duda, son los que más lucho por poner, pero a veces me encuentro en una parálisis de la que no siempre sé salir a tiempo.

Ante la situación más absurda, como que mi hija, como un torbellino, se me tire encima o me dé un golpe sin querer, me siento agredida. Me sube por la garganta la tristeza, la indefensión y otras veces la rabia.

El cuerpo interviene en la comunicación no verbal, en la vida sexual obviamente y en la seducción del otro. Al principio, en un contexto de ligoteo, me hacía invisible, me tragaba la tierra y me quedaba como una estatua.

No aprendí a poner más límites corporales hasta que en la soltería entré en Tinder. Nadie te explica que un ASI te marcará de por vida tu cuerpo, ni eres consciente de las implicaciones que tendrá en tu futuro como mujer adulta y tu vida sexual.

En una época de regreso a un mar lleno de peces, después de una relación larga, me encontraba de nuevo en la seducción como moneda de cambio.

Me creí que lo que quería era ser libre. Vivir una vida sexual plena y experimentar sin compromiso. Una moto que me vendí a mí misma, pero, con el tiempo, supe que en realidad buscaba que alguien me quisiera, aunque fuera por una noche a través de prestar mi cuerpo.

En esta aventura del cuerpo, de experimentar, de encontrar parejas de una noche, aprendí sobre lo que me gusta y lo que no. Me encontré con hombres respetuosos, cuidadosos y amables, espontáneos y atentos, que me ayudaron a poner en palabras los límites.

Y también hubo otras experiencias en las que no supe darme cuenta de que mi cuerpo no se sentía seguro. Y poniéndome la ropa y deambulando por las calles de Barcelona volvía a aquella habitación de cuando tenía tres años.

Me desnudé tantas veces en espacios y con hombres diferentes que empecé a sentir orgullo de mi propio cuerpo. Conecté con mi placer, con lo que yo quería, y el cuerpo dejó de ser carne de préstamo para ser un recurso que era todo mío y que yo decidía con quién compartir.

Hay experiencias que se tienen que vivir con el cuerpo. No hay libro o conversación que te haga entender cómo se siente la piel, cómo experimenta el corazón, cómo reaccionan los músculos. Tienes que verlo, actuar, reaccionar, vibrar y estremecerte repetidamente. Observar el sentimiento, el patrón y aprender de ello.

A través de observarme, de sentirme y liberarme de la vergüenza de mi cuerpo, he podido disfrutar y saber dónde están mis límites y ser firme, respetándolos, respetándome.

Doy gracias a todos esos hombres que me ayudaron a conocerme, a sentirme y a respetarme. Y agradezco por igual a aquellos que me trataron como un trozo de carne. Porque de todos y cada uno de ellos aprendí sobre mí misma y pude dejar a un lado mi voluntad de complacer, para poner en el centro mi placer, mi decisión y mi cuerpo, que por fin volvió a formar parte de mí.

Dar y recibir

Me cuesta recibir. Lo reconozco. Cuando alguien me hace un regalo o escucho un «gracias», no sé cómo ponerme. Me considero en deuda. Siento que debo apuntar la amabilidad recibida en la lista de compromisos y devolverla. Tengo que encontrar un espacio, un momento, para reembolsar ese regalo no merecido.

Sentirse más cómoda dando te condena a emparejarte con personas que están acostumbradas a recibir. Y como el vaso de agua, me he vaciado miles de veces sin que quedara ni una sola gota, sedienta, vacía de mí.

Quiero acostumbrarme a recibir con una sonrisa, liberarme de la deuda. He entendido que, de la misma manera que yo doy sin esperar nada a cambio, recibir es tan natural como dar.

Mi biografía me ha llevado por caminos estrechos en los que he creído que recibir no es un requisito. No me lo merecía, o eso pensaba. La deuda me ha llevado a entrar en relaciones tóxicas con una comodidad que me recuerda a espacios oscuros de la infancia demasiado conocidos. La incomodidad aprendida.

Ahora, con mirada adulta, puedo ver el hecho de dar y recibir como una balanza invisible. No puedo dar si no tengo suficiente para mí. No es egoísta preservar mi propia salud mental y física y es necesario poner límites de autopreservación.

Una de las frases que he desterrado de mi cabeza es la siguiente: «No me cuesta nada». Porque sí cuesta. Sí, es un esfuerzo y entrar en el automatismo de dar por sistema, precisamente a aquellas personas que te esperan con las manos abiertas para llenarse de ti, no es una buena elección.

Dar por obligación, por chantaje emocional, por manipulación o por tener la fiesta en paz son razones vacías que han desaparecido de mi lenguaje. He caído mil veces y, más allá del patinazo ocasional, tengo muy claro a quién doy y por qué razón.

Y ahora lleno mi boca con un «gracias» sentido. Cuando recibo, siento el corazón contento, agradecido. Cada una da desde donde quiere, puede o le sale y no es una competición ni una compensación.

Amamos de manera diferente y no hay balance de pérdidas y ganancias que pueda hacer justicia a los malabares de las relaciones humanas. Los porcentajes de dar y recibir no son iguales, fluctúan porque la vida es cambiante.

Cada una da y recibe desde quien es. Mi manera de dar será diferente de la tuya. Yo nunca me acordaré del día de tu cumpleaños, pero seré esa persona que estará al otro lado del teléfono cuando necesites ser escuchada. Seré la mano que te seca las lágrimas y te querré con comida y té. Cuando lea un libro que encaje contigo, pensaré en ti y te lo enviaré a la puerta de casa.

El merecimiento

Qué relación más tortuosa con el merecimiento. Quisiera reunir fuerzas para mentir. Hay una vergüenza profunda al admitir que la mayor parte de las veces pienso que el éxito ha sido cuestión de azar.

Cuando llega una buena noticia a mi vida me digo que es un golpe de suerte. ¡Qué demonios! Me lo merezco, me lo he trabajado, he pasado horas incansables haciendo viajes internos por callejones sin salida en mi propio inconsciente, para parir conclusiones acertadas o no, pero mías, reales.

El azar a veces juega su papel, pero otorgar el merecimiento a una fuerza invisible que sopla a mi favor de manera aleatoria me quita el mérito que tengo.

La autoexigencia me atropella como un tren de mercancías. Me parece que no me he esforzado suficiente, que si lo hubiera hecho de esta manera o me hubiera sacrificado con sudor y sangre, el resultado sería como yo deseo.

La vida pone delante de mí lo que necesito y no lo que quiero. Y de tanto pisar el acelerador de la producción y del hacer a toda velocidad como pollo sin cabeza, como diría mi madre, me he agotado.

Al parar y volver al centro, las posibilidades se despliegan ante mí. Y pienso que ha sido magia. El trabajo, sin embargo, ya hacía tiempo que estaba hecho. El resultado llega cuando llega, por más impaciencia que desprendas.

Pensamientos intrusivos

Estoy en la ducha. La cabeza me da vueltas. Todavía pienso en aquel *email* al que mi jefe ha respondido: «Si no lo tenemos controlado, tenemos un problema; si no sabemos nosotros lo que hay que hacer, no me imagino cómo de inquieto está el cliente. ¿Me puedes dar una respuesta detallada para que pueda contestar sobre el proceso que deben seguir?».

A propósito de este pensamiento, ya no sé si me he lavado la cabeza. ¿Me he enjabonado? Me miro las manos y no lo tengo claro. Sigo dándole vueltas al tema como de costumbre.

El discurso en mi cabeza suena así: «Has contestado demasiado rápido. Ahora tu jefe piensa que eres idiota. Claramente le ha dado la impresión de que somos un grupo de inútiles sin idea de los procesos. La próxima vez que tengamos reunión me dirá que soy idiota. Me despedirán».

Salgo de la ducha con un cabello tan brillante y sedoso que podría ganar el concurso de pelo Pantene. Estoy tan distraída que no sé si llevo cinco minutos o media hora en la ducha.

Ojalá hubiera bajado por el desagüe la inseguridad y la vergüenza que siento de haberla cagado. Ojalá pudiera despedirme del martilleo mental como el jabón que baja por mis piernas.

Días después, tengo una reunión con mi jefe y ni menciona aquel *email*. Me siento aún más estúpida. Le he dado tantas vueltas al tema que estoy mareada. Él no ha vuelto a pensar en ello. Ese tema no ha ocupado ni un minuto de su vida.

Al menos, aunque tenga pensamientos intrusivos, me quedará una melena sedosa de concurso.

11

EL AMOR

«La verdad es que el sentido de pertenencia empieza con la autoaceptación.
Tu nivel de pertenencia, de hecho, nunca puede ser mayor que tu nivel de
autoaceptación, porque creer que eres suficiente es lo que te da el coraje de ser
auténtico, vulnerable e imperfecto.
Deja de caminar por el mundo buscando confirmación de que no perteneces.
Siempre la encontrarás porque has hecho de eso tu misión.»[21]

BRENÉ BROWN

Leo a Erich Fromm en su libro *Del tener al ser*, y de repente noto en el cuello una colleja de manual. El texto dice así:

Amor

También el amor tiene dos significados, según se entienda en la acepción de tener o en la acepción de ser.

¿Se puede tener amor? Si fuera así, el amor tendría necesariamente que ser una cosa, una sustancia que uno

21. Brené Brown, *Braving the Wilderness: The Quest for True Belonging and the Courage to Stand Alone*, op. cit. en Hope+Wellness, 14 de enero de 2025.

puede tener, guardar, poseer. La verdad es que no existe el «amor» como cosa: se trata de una abstracción, quizá de una diosa o de un ser de otro mundo, aunque nadie haya visto nunca a dicha divinidad. En realidad, solo existe el acto de amar; y amar es una actividad productiva, que implica ocuparse del otro, conocer, responder, aceptar, disfrutar, ya se trate de una persona, de un árbol, de un cuadro, de una idea. Significa dar vida, aumentar la vitalidad del otro, tanto si es una persona como un objeto. Es, por consiguiente, un proceso de autorrenovación, de autoincremento. Cuando se vive el amor según la modalidad del tener, implica limitación, cautividad o bien control del objeto que se «ama». Se reduce a un estrangulamiento, a un ahogo, a un apagamiento, a una transferencia, pero no a un acto vital. Lo que la gente define como amor es, a menudo, un abuso del término, para ocultar la realidad de su incapacidad de amar.[22]

Me doy cuenta de que hace mucho tiempo que amo desde el tener y me da vergüenza admitirlo. Nunca he pensado que mis seres queridos sean mi posesión. Es cierto, por otro lado, que desde la buena intención, desde la visión periférica y los detalles, soy capaz de ver el camino y la caída inminente por el barranco de aquellos a quienes quiero.

Deseo evitarles el dolor, la experiencia que creo que vivirán y, desde la soberbia disfrazada de buena intención, pienso que solo yo tengo la respuesta correcta.

Y me transformo en un ser limitante y castrador, haciendo míos los problemas de los demás como la salvadora de la ignorancia ajena.

---

22. Erich Fromm, *Del tener al ser: caminos y extravíos de la conciencia*, Paidós, 2000.

Hasta el extremo de que, cuando no me han hecho caso, me enfado, me inundo de rabia y me sale: «¿Ves cómo yo tenía razón?».

Muy feo, lo sé.

Me he pasado la vida a la deriva poniendo el salvavidas al otro mientras yo me hundo en el fondo del océano. Pongo el tiempo, la energía, las opciones y mi capital mental a trabajar para aquellos a quienes quiero proteger y cuidar hasta el punto de castrarlos para evitar el desastre.

Fromm me ha dado la colleja del año. Me digo:

—Txell, ocúpate de tus problemas. Anima las soluciones ajenas, aunque no sean las tuyas. Y por Dios, comenta y sugiere, pero cállate y deja que la gente se equivoque o acierte. Quédate en la banda dispuesta a recogerlos en la caída.

Mi sentido perfeccionista y productivo hace que cualquier alternativa a mi visión no sea válida. Odio la ausencia de un plan, de pasos claros, de visión, de decisión. Y salto, salto al vacío para cubrir ese agujero. Y me equivoco, y mucho.

Quiero dejar de equivocarme al menos en este tema. Estoy empezando a aceptar mi imperfección, a verla, a quererla, a gestionarla.

Respiro.

Si intento hacerme mío un problema, lo alejo. Si la emoción se me acerca, pero no es mía, la dejo pasar. Siento tristeza de haber sido injusta con la gente que más quiero.

Ojalá pudiera decir que la injusticia, la inflexibilidad, la rigidez solo fueran para los demás. Soy yo quien dentro de mí no me perdono, no acepto el error, veo cada paso incorrecto y soy capaz de flagelarme hasta no poder más.

Y, cómo no, el mismo trato que me doy a mí se lo doy a los demás. Siempre he pensado que la perfección era una virtud, la excelencia.

Una mentira, una moto que me he vendido para justificar una actitud tirana hacia mí y hacia los demás. Me digo:

—Mejor hecho que no hecho y perfecto.

Y aun así sufro al ver el error, al no aceptar que lo podría haber visto. Y me convierto en el Pepito Grillo que no te deja en paz y saca a relucir el mismo tema en bucle.

Tengo que volver a aquella versión anterior de mí misma que no entraba en bucle, que era capaz de acompañar al otro en su camino sin llevar la mochila, sin dirigir, sin tener un camino marcado y una ruta preparada.

Quiero amar desde el ser, desde observar, admirar, acompañar, conocer, disfrutar, aceptar, responder, compartir.

Mi corazón se encoge y se alivia a la vez. Me pasan por la cabeza escenas injustas, con parejas, con amigos, con mi madre, con personas cuyo nombre no recuerdo. Pero todas tienen algo en común: la tiranía interna se convierte en tiranía externa.

No me reconozco en este comportamiento que ya no me representa. Siento vergüenza de haber actuado así, de haber perdido amistades por mi inflexibilidad, de haber decepcionado, machacado incansablemente a personas que quiero. La buena voluntad no quita una actuación errónea.

Tengo que aceptar que mi camino no es el camino del otro. Quizás aceptar no es suficiente. ¿Por qué no disfrutarlo al mismo tiempo? ¿Por qué no ver al otro crecer?

Entiendo ahora una frase que un día me dijeron: «Nadie estará a la altura». Y por mucho que me cueste admitirlo, sé que tenían razón. Yo misma me siento así continuamente: nunca estoy a la altura de mis propias expectativas estratosféricas.

Mire donde mire en el mundo, encuentro razones para creer que no soy suficiente, que no lo he hecho lo bastante bien, que no soy merecedora, que no puedo.

Decido mirarme con ojos bonitos y cuando haya un día que no pueda hacerlo, tomaré prestados unos ojos de aquellos que me quieren para que me recuerden cómo me ven y que yo también puedo verme a mí misma con ese amor incondicional.

Padres, no pareja

Me cuesta conciliar que el hombre al que amé y que, a la vez, me rompió en mil pedazos, sea ahora mejor padre que pareja. A veces siento vergüenza de haber elegido mal, el impulso irrefrenable de volver atrás y cambiar la decisión.

Sin un nosotros, sin él, no existiría Lluna. Cuando pienso esto, me calmo. La vergüenza viene y va a momentos, instantes de pretender tirar el tiempo atrás cuando no se puede, no se debe y no querría. Supongo que no estoy sola en este sentimiento. Dejas de reconocer al otro, no se parece ni un ápice a la persona de la que un día te enamoraste.

¿Cómo es posible que ese hombre, que era capaz de pasarse días sin dirigirme la palabra, ignorando mi existencia, y con quien me dormía llorando a su lado en la más absoluta soledad, ahora pueda ser vulnerable, abrirse y estar dispuesto a cambiar por nuestra hija?

En mi cabeza sigue siendo la misma persona que me hizo sufrir, que puso sus intereses por encima de los míos, de los nuestros.

El trauma infantil vuelve y tengo que repetirme una y mil veces: «Su padre no es tu padre». De la misma manera que me repito: «Mi hija no soy yo».

Quisiera que fuera verdad, que la voluntad, el esfuerzo y la energía que pone en esta coparentalidad no fueran una ilusión. La misma que viví yo al conocer a un hombre afectuoso, vulnerable, que en tres meses pasó a ser frío, inaccesible, cruel, rencoroso.

Ojalá sea mejor padre que pareja.

Ojalá nuestra hija pueda ver un lado de su padre que yo solo probé una vez y no volví a ver.

Me alivia compartir la preocupación. Lluna está en plena época de rabietas, de enfado constante. Como todos los niños de su edad, pero ella no es como todos los niños. En la lotería de familia que le ha tocado, en el paquete venían dos padres rígidos, con dificultad para expresar emociones y extremadamente mentales.

Y no es casualidad que ella haya desarrollado hiperlexia: su expresión con la palabra va más allá de lo que son capaces de expresar los niños de tres años. Y a la vez, dentro de esa barriguita contenta, las emociones la desbordan y no ha encontrado otra manera que no sea contenerlas.

Y la única emoción que se permite sacar hacia fuera es la rabia, la frustración. Cuando la veo con los ojos llenos de lágrimas dando patadas y gritando «¡Mamá!» como una llamada de auxilio, se me encoge el corazón. Sé perfectamente cómo se siente.

Yo soy esa niña que se ve impotente en un mundo que no está preparado para quienes sienten en exceso, los sensibles, ni para quienes se obsesionan ni para quienes lo ven todo.

El hecho de querer hacer las cosas a tu manera, el no confiar en los demás, la frustración de ver que el mundo no es tal como te lo habías imaginado.

Hija mía, mamá te entiende, es mi lucha.

Treinta y seis años después y todavía pataleo al encontrarme con una realidad que no me gusta. La alegría se derrumba en un segundo y la rabia contenida sale en forma de reproche, de mala palabra.

Ahora ya no pataleo, pero es exactamente el mismo sentimiento que me hierve por dentro. La entiendo tanto que me da miedo que viva el sufrimiento que conozco tan bien.

Sentirse diferente, inadecuada, sensible, vulnerable, no saber cómo sacar la emoción más allá del enfado. La tristeza se pierde, la alegría no llega. El miedo lo escondemos donde no se pueda ver, pero existe.

Hacemos una coraza de papel mojado que a la mínima lluvia se deshace. A ojos ajenos la armadura aún está intacta, por mucho que el fuego queme por dentro.

Quisiera crearle un mundo a su medida, y a veces me equivoco al intentarlo. Al evitar la incomodidad, al facilitar un camino que en el mundo real nadie allana.

Siempre he dicho que en mi casa, cuando era pequeña, me habían creado un mundo paralelo, un mundo Disney de fantasía, y el golpe fue bien fuerte cuando salí al mundo real pensando que funcionaría con las mismas normas que el que había entre las cuatro paredes de casa.

De los muchos errores que he cometido, tengo que rectificar mi pensamiento de que tener una relación con su padre fue uno de ellos. De no ser así, nuestra hija no estaría con nosotros. Lluna se ha convertido en la estrella que me guía en la noche oscura.

¿Cómo puedo enseñarle a sentir? Si sentir, ya siente, y demasiado. ¿Cómo puedo explicarle que es seguro sentir, que es seguro expresarse libremente cuando yo no lo hago…? Cuando yo apenas me permito sentir lo que siento hasta que el tsunami de agua que me inunda sale fuera.

La vergüenza de ver mis errores reflejados en sus mejillas y en sus ojos llenos de luz y tristeza me impulsa a actuar, a dejar atrás una forma de hacer que ya no me representa.

Basta de vergüenza. Más autenticidad. Más de mí para que ella pueda ser más ella.

Solo lo aprenderá si yo lo aprendo.

El control: deconstruir

Estando en pareja he crecido, pero ahora, en una nueva relación, siento que me deconstruyo. Pieza a pieza, voy deshaciendo el personaje, voy quitando las máscaras de quien no soy.

Me doy cuenta de cómo el control ha sido una constante en mi vida. Cómo, sin ser consciente, he castrado sueños de aquellos a quienes he amado, he rechazado sus ilusiones por parecerme poco productivas.

He analizado y calentado la cabeza con mi visión del mundo para evitarles daño. Y con la buena intención he creado un monstruo. Una persona en la que ya no me reconozco, que es capaz de no ilusionarse por miedo, que es capaz de convencer con argumentos irrefutables y de rascar la piel hasta hurgar en las heridas.

Es difícil verme como una presencia oscura, sin maldad aparente, pero con una visión rígida del mundo que, cuando no se ajusta la realidad, la hago encajar a la fuerza.

He aprendido a amar desde el tener y no desde el ser. A amar controlando al otro, poniendo palos en la rueda para evitar caminar en la incertidumbre. He pisado senderos que no son míos para impedir que el otro avance en su dirección y hacerle caminar hacia la mía.

Me arrepiento de no haber llorado a su lado, de no haber dado apoyo cuando más lo necesitaba. De discutir y luchar por mi visión del mundo, que considero la única y la correcta.

De buenas intenciones está el infierno lleno. Me cuesta dejar caminar. Si veo que se acerca a un abismo, a una bifurcación, me encargo de apartarlo con todas mis fuerzas para evitar el desastre.

Y esa energía que pongo incansablemente en arreglar, modificar, dirigir la vida de los demás, me falta para hacer que la mía llegue a buen puerto.

¿Cómo se hace para dejar de ser aquello que no quieres ser?

Cuando la alarma interna salta, cuando el fuego lo arrasa todo. ¿Cómo apago las llamas? ¿Cómo ignorar esa llamada de auxilio interior? El impulso me puede.

El síndrome de la salvadora

Una buena amiga me preguntó:

—Si solo tienes un salvavidas y tus dos hijos se están ahogando. ¿Qué haces?

Rápidamente, la lógica me dice que me ponga primero el salvavidas y luego salga a buscarlos. Solo salvándome a mí, podré salvarlos a ellos.

Y aunque la lógica no falla, aunque la mente tiene todas las respuestas correctas, el primer impulso es ponerme la última. Una mano lanza el salvavidas por la borda y hace que los tres nos hundamos sin posibilidad de salvación.

Evito sentir, esquivando el teclado en mi estado emocional actual porque es demasiado duro darme cuenta de que ya no es cómodo estar en mi piel.

El proceso de mudar la piel es demasiado doloroso. Antes de lucir una nueva, recién estrenada con la etiqueta aún colgando, hay que hacer caer la antigua. Y eso es notar cada centímetro de la piel tirante, reseca. Escuece, pica y aprieta.

No se ve la piel nueva como una recompensa al proceso, es un concepto, una utopía que no se hace visible hasta el salto de fe. Confiar que la nueva piel haga su función y que el dolor pasará una vez haya finalizado la muda.

Reconecto con la fe, la voluntad de saber que no lo sé todo, que antes de saltar desconozco si hay agua en la piscina. Quizás el golpe será fuerte.

Si de algo estoy segura es de que no saldré viva de esta vida y de que he llegado con nada y me iré sin nada. La comodidad del camino conocido me impide dar el salto. El sistema nervioso grita al mínimo intento de soltar el control, de permitirme ser quien soy.

Por otro lado, mi cabeza me juega malas pasadas y me hace creer que el nuevo paquete de Amazon que llegará a mi puerta abrirá un mundo de felicidad. Pero al desembalarlo, no la encuentro.

Si quiero otra vida la tendré que crear desde cero, como he hecho en tantas ocasiones. Y una y otra vez escucho la voz interior que me dice: «Basta, ¿no habíamos aprendido esto ya? ¿Es la misma pantalla? Otra vez».

Maldito crecimiento personal que me descompone y me enfrenta con las sombras que he escondido dentro de la luz. Hay una persona dentro de mí que no me gusta. Una niña asustada que necesita que la abracen, que necesita que la vean, que la quieran por quién es y no por lo que hace.

Y otra vez soy yo misma la que, en este deseo de ser amada, busco la productividad, la eficiencia, ser imprescindible, ser valiosa a raíz de tener el control, saber las respuestas y las preguntas.

Creo una seguridad externa que no tengo internamente. Me fortalezco dentro de la coraza cuando lo que más debería permitirme es acurrucarme en un rincón y llorar hasta que la tristeza se lleve la impotencia, la preocupación y de mis entrañas salga la fuerza para afrontar un cambio de piel que bendigo y odio a partes iguales.

Nadie ha dicho que sería fácil. Como un mantra me lo repito en estos momentos de horizonte incierto, me digo: «No es difícil, es nuevo».

Me catapulto al espacio de víctima, un espacio conocido, de inacción, de queja. Tengo un trabajo que no quiero hacer, la gente es poco profesional, mi pareja no me escucha, quiero salir de aquí. ¿Por qué no me dejan salir de aquí? ¿Por qué no me despiden? ¿Por qué no dejo esta relación? ¿Por qué no dejo el personaje y me permito ser yo?

Y después respiro hasta que encuentro la serenidad que me falta para accionar. Para deconstruir y construir la vida que quiero. Lo he hecho tantas veces que he perdido la cuenta y cuando ya pensaba que era definitivo, me veo volviendo a empezar.

Volviendo a dibujar en la pizarra del comedor todos los caminos posibles a una vida que aún no sé cómo será. No soporto los planes no definidos, me cuesta ser flexible como el bambú. Debo aprender a hacer un plan que se pueda hacer y deshacer, cambiar de opinión y de rumbo, pero a la vez seguir manteniendo los objetivos y los principios iniciales.

No distraerme en el sentimiento que me lleva a celebrar las victorias y a llorar las derrotas como si el mundo desapareciera hoy bajo mis pies.

Empiezo a entender cómo funciona mi centro emocional. Por la mañana se define el curso de toda la jornada: me basta con levantarme para saber si tendré un buen o un mal día. Los primeros minutos dictan las 23 horas y los 55 minutos restantes.

Qué gran responsabilidad llevo sobre mis hombros. He aprendido a recurrir a mis recursos internos para dejarme sentir y que no sea la emoción la que dirija el día. Ni tampoco la cabeza, claro, con sus fantasías de grandeza.

¿Quién conduce realmente mi vida? ¿Soy yo? ¿Son los pensamientos? ¿Sentimientos? ¿Son las motos que me vendo? ¿Es el corazón con el amor puro? ¿Son las sombras del miedo y la incertidumbre?

¿Quién demonios está conduciendo el coche de mi vida? Estoy en una carrera de relevos en la que mi tramo es un mero esprint para pasar el turno al siguiente.

Mi ego que quiere sentirse valorado externamente a costa de mi salud mental. Mi mente con sus expectativas imposibles de cumplir para mí misma o para los demás. Y a la vez mi corazón, que se siente atrapado en una vida que no le encaja, y llora. Todo lo que toca el sentimiento se transforma en tristeza profunda.

Puedo ir en segundos al otro lado, a formar una distopia digna de una novela de Orwell y trabajar para hacer posible una vida que no quiero, pero que es un medio para un fin.

Quiero desterrar el *marketing* interior, ese que me hace poner imágenes bonitas y eslóganes a planes y proyectos que, de materializarse, me romperían. En papel, sin embargo, todo suena perfecto. Es en la práctica cuando la realidad se impone y hace acto de presencia, con la desilusión que conlleva vivir en el ahora y en el hoy.

Ojalá pudiera dejar de ver. Pienso en la felicidad de la ignorancia, el paseo sin pretensiones por la vida de aquellos que no se plantean sus errores ni objetivos ambiciosos para una vida mejor.

Envidio a aquellos que no se destrozan por dentro, los que ven luz en sus sombras. Envidia me dan los ignorantes de su propia persona.

Alabamos a aquellos que ven en un mundo de ciegos, pero no hay nada más duro que ser el vidente en un mundo preparado para gente que no puede ver.

Las conversaciones incómodas

Me convertiría en una estatua de piedra para evitar una conversación incómoda. Me fundiría sin mirar atrás, para no estar, para no tener que poner sobre la mesa lo que siento y lo que pienso.

Vuelvo a conectar con el hecho de caminar de puntillas. Que nadie te vea, que nadie te oiga, no sea que te vaya bien. No sea que al verte alguien descubra tu luz, vea tu valor y te dé el espacio que mereces. Soy yo misma quien me lo tengo que dar y no esperar que venga alguien a allanar el camino.

Parejas e inconsciente

Conoces a una pareja que comparte la misma herida, revives de nuevo los traumas de infancia que no quieres recordar. Los días en que la ilusión, el enamoramiento y la conexión parecen desvanecerse entre tareas, agujas que se clavan en el corazón, y entonces vuelves a sentir el rechazo, la incomprensión, la herida abierta.

Hay una parte de mí que quiere huir, que quiere escapar. Hay días que creo que la relación se va al traste, que lo más sensato es marcharse. Y en esos momentos me siento culpable por pensarlo. Me aferro a la idea de aguantar.

Ahora lo enfoco diferente. Cuando siento el deseo irrefrenable de marcharme, me pregunto cuál es el límite que no estoy poniendo. ¿Cuál es el respeto hacia mí misma que me estoy saltando? Y al respirarlo y entenderlo, entro con miedo y con determinación en la conversación incómoda.

La charla que te desnuda, en la que no hay escapatoria, hace que vuelva a verme acurrucada en la escalera del patio de mi adolescencia, leyendo un libro en solitario para escapar a base de imaginación de ese espacio donde pienso que no hay salida.

Ahora soy capaz de tomar la fuerza del autorrespeto y el amor propio para levantar el culo de la escalera y decir en voz alta lo que siento, lo que soy, lo que pienso.

He dejado de querer cambiar al otro, de esculpirlo a base de reproches y quejas con la presión de que mi idea de lo que debe ser se haga realidad.

Soy capaz de ver a la persona que hay y no a la que querría que estuviera, la idea imaginaria de un ser humano perfecto. Desde un espacio de juego, de mirada curiosa, puedo lanzar bien lejos las expectativas: disfrutar y observar lo que hay.

Crecer al lado de una persona a la que quieres no es fácil. El crecimiento no es un camino lineal, más bien circular. Y el pánico de volver al punto de partida me impulsa a acelerar la marcha, solucionar con prisa, poner hilo a la aguja, cuando el objetivo principal es la pausa, la observación.

El pasado entre cuatro paredes

Fuimos a su casa, a casa de Dani, mi pareja. El espacio que dejó atrás para juntar nuestras vidas y vivir en nuestro hogar. Al llegar, miré el lugar con ojos nuevos.

Cuando pasaba allí los fines de semana, aquella casa en medio de la montaña me parecía un refugio de paz lejos de una vida en construcción que se había derrumbado con un bebé y una separación.

Allí era capaz de reír, de llorar, de dejarme cuidar. Era su espacio, él llevaba la voz cantante. La necesidad de control se desvanecía y él sentía la responsabilidad de los cuidados, de las tareas. Era el capitán del barco.

Volver allí con centímetros de polvo que cubrían el pasado me hizo sentir de nuevo en un espacio libre. Sin control, sin tareas fijas. No tenía que ser yo la que decidiera. Me entregué al no saber. A ser la copiloto.

¿Cómo un espacio puede cambiar cómo actúas con la misma persona con la que convives cada día? Lo miraba desde una mesa improvisada en medio del comedor. Lo veía con iniciativa, con ganas de cuidarme, como antes. Cuando no teníamos una lista de tareas diarias interminable y responsabilidades que a veces pesan demasiado en los hombros.

Podía observarlo, con el freno de mano de la vida diaria, y me sentía en un espacio de ocio, de fin de semana. La vida en su casa olía a vacaciones, a vida de solteros cuando el amor apenas comenzaba.

Abrió una vitrina llena de pájaros teledirigidos. Su pasatiempo en la soledad de la soltería. Cogió uno y salimos a caminar por la montaña. En el prado, como un niño pequeño, hizo volar el pájaro, en una puesta de sol de colores lilas y naranjas que parecía pintada al óleo para nosotros.

Lo veía reír, conectar con aquello que le había salvado de sentirse solo y ahora lo compartía conmigo. No importaba si yo disfrutaba con aquella actividad o no. Podía reír al ver su disfrute espontáneo y las carreras arriba y abajo para ir a buscar ese pájaro de libertad que nos había llevado al punto de partida.

No quiero ver más el crecimiento como una tarea, un examen de la vida donde me siento observada y puntuada, y más veces suspendida que aprobada.

Decido vivir el crecimiento como un descubrimiento, con curiosidad, una aventura que miro con ojos nuevos.

A veces nos sentimos lejos y es precisamente en la valentía de la conversación incómoda, en el alejamiento momentáneo, cuando el dolor penetra en la herida y te das cuenta de que quizás tiene razón. Que él ve partes de mí de las que yo no soy consciente.

¿De verdad soy yo esa persona castradora? ¿Soy yo la que no se ríe de los chistes? Y cuando él pone luz en esa oscuridad, en el silencio de la reflexión, me doy cuenta de que no me quiere menos. Que en mi imperfección, los errores que señala con el dedo, por más que duelan, me obliga a verlos. Me reconcilio con ellos, los abrazo y entiendo que no soy mala persona. He aprendido mal y me toca ordenar creencias. Abrir cajas de sentimientos que tengo cerradas.

Y él solo hace que salten las tapas de las cajas que no quiero mirar. Y de golpe salen los sentimientos. Me confronto de nuevo con recuerdos y creencias caducadas que quiero tirar a la papelera de mi historia.

Nada como un ataque de asma para conectar

Este fin de semana de regreso al pasado, siendo dos personas completamente diferentes y viendo que ya no estamos en el punto de partida, hemos reconectado.

Ya no siento la necesidad de que él haga el camino a mi ritmo. No quiero marcar los tiempos de otro, solo los míos.

A las diez de la noche, con todo recogido y tumbados en la cama preparados para dormirnos, me dio un ataque de asma, tos, mocos, nariz hinchada. Una alergia al pasado que pasó por el cuerpo. El polvo era el culpable, pero una parte romántica de mí quiere pensar que vino para conectarnos.

En el ámbito físico soy extremadamente estoica. Notaba que no estaba bien, que se me hinchaban los ojos y que la tos seca se estaba apoderando de mi garganta. En ningún momento, sin embargo, me planteé coger las maletas y marcharme para salir de un sufrimiento que llevaba la palabra «alergia» escrita en mayúsculas.

Él me vio y lo notó sin que yo hubiera pronunciado una sola palabra. En ese instante, tomó las riendas de la situación.

—Nos vamos a casa. No estás bien. Da igual que sea tarde. Puedo conducir. Cogemos lo mínimo y nos vamos. Mañana ya lo acabaremos de recoger todo. La semana que viene vendré a limpiar y la próxima vez vendremos a nuestro refugio de montaña.

Al decir eso, me sentí aliviada. Como si el peso que llevaba dentro, de tener que mantener el tipo por una razón que se me escapaba, se hubiera marchado con sus palabras.

Me había visto.

La autoexigencia como una burbuja de jabón se desvaneció. Me sentí como cuando era pequeña y me dormía en el coche, y con un ojo abierto y otro cerrado me alzaban en brazos y me llevaban a la cama. Agarrada al cuello, sin preocuparme, dejándome ver vulnerable.

Creer que es posible

Nunca he sido muy religiosa, más allá del consuelo de pensar que hay una fuerza superior que vela por mi bienestar. De pequeña rezaba en la cama, por falta de otros recursos. Así me sentía más conectada, acompañada.

Ahora tengo una relación constante con la fe. Creo en la sincronicidad, en las oportunidades que aparecen cuando menos me lo espero y más alineada estoy con mi deseo.

Cada noche, y más aún en los días difíciles, repaso la suerte que tengo. Lo agradecida que estoy a la vida que vivo y a aquellos que he escogido como acompañantes en mi camino.

En la transformación profunda, es la fe la que me mantiene haciendo equilibrio en la cuerda de la vida. Y en el vaivén incesante vuelvo a encontrar el centro que me impulsa a dar pasos hacia adelante en la incertidumbre de poder caer en cualquier momento.

No me resisto a mirar abajo y pensar en las decenas de caídas que seguro llegarán. Desde mi centro, la alineación interna me recoloca y soy capaz de avanzar con paso firme.

La fe me recuerda que creo en aquello que aún no existe en la materia, solo en mis deseos y pensamientos. He cerrado los ojos en la terraza, sentada en una silla fucsia de plástico de propaganda de bar, y me he imaginado mi casa nueva.

Una casa que solo existe dentro de mí. He imaginado cómo firmaba la compra, con una sonrisa y un documento bajo el brazo. He visto la cocina, con una mesa de madera larga y sillas a los lados para comer dentro de la cocina. Una cocina de leña con sus fogones, un horno de los años cincuenta, americano, y colgadores y estantes de madera antigua a la vista para tenerlo todo a mano.

He olido mi despacho con aroma a vainilla y coco, con un aire dulce que me recuerda mi estancia en Hawái. Con una biblioteca al más puro estilo de *La Bella y la Bestia*, con una escalera corrediza. He tocado los lomos de los libros con la punta de los dedos.

Veo una esterilla de yoga y un cojín de meditación en el suelo, preparado para cuando necesite estirar el cuerpo y volver a mí. Una mesa analógica para pintar, recortar y hacer manualidades, y un despacho tecnológico donde el teclado me espera impaciente para recopilar las palabras que me hierven por dentro.

He olido la hierba mojada, he notado los pies en la tierra del jardín y un balancín me espera en el porche con el libro que solo reservo para los momentos de vaivén.

Todavía recuerdo cuando imaginaba palmo a palmo mi casa actual. En mi *vision board* anual dibujé una chimenea. Me imaginaba las noches de invierno frías que, al calor de las llamas, se volvían cálidas con un té en la mano y un libro.

En aquel momento aún no era una realidad y ahora, en cambio, tengo la chimenea en el comedor, la librería llena de libros y té *chai* de la India en la cocina, junto al hervidor.

Me recuerdo a mí misma que solo debo tener fe, que no hay que pensarlo, sino sentirlo. He de buscar dentro de mí el deseo, tengo que creer que es posible y la fe se apodera de mí y crea una nueva realidad. Esa fuerza superior hace suya mi experiencia y me muestra el camino para concebirla, para acercarme, para tenerla al alcance.

He vivido la experiencia de pensarlo, sentirlo y verlo mil veces. Se ha hecho realidad delante de mí, saliendo de la nada, sin necesidad de cavar a pleno rendimiento desde el sacrificio y la producción. Esperar, arreglar, imaginar, caminar, encontrar el rumbo y redirigir.

He visto libros materializarse sin empujar, escribiéndose solos como si me susurraran al oído el texto sin pasar por el filtro de la mente. He visto mi casa aparecer con limitaciones de presupuesto, teniendo todo lo que quería y deseaba. He visto nacer una hija que, a ojos médicos, era imposible que tuviera tierra fértil para crecer.

Vuelvo a estar en ese espacio de cocreación con la vida, en el que mi tarea es imaginar, sentir, vivir la experiencia como si ya estuviera hecho y dado. Visualizo, siento en el cuerpo aquello que quiero y las puertas se abren ante mí.

¿Cómo he podido cerrarme a imaginar? ¿Cómo he podido olvidar que el poder intrínseco de desear es mío? La vergüenza, mala consejera, me ha anclado en un espacio de no pedir, de no sacar la cabeza, de hacerme invisible, incluso para mí misma.

Me lamento, pero a la vez agradezco haber recuperado una semilla que ha florecido tantas veces antes. Y confío en que podré hacerla crecer de nuevo y esta vez hacerla mía, propia, para que no sea una idea o una tarea a recordar, sino que forme parte de mí, de quién soy y de cómo quiero vivir la vida. Llena de agradecimiento, de fe, de deseo, de imaginación y de sentimiento. Sin límites. Con flexibilidad y adaptabilidad, pero a la vez una cantidad incesante de ilusión, el motor para vivir feliz.

Momentos felices. Adiós, control

Se habla tanto de la felicidad que, supuestamente, se sabe todo de ella. Sin embargo, yo todavía no la he visto, aunque sí reconozco los momentos felices. Abro los ojos y me doy cuenta de que es un momento para recordar. Reír hasta que duela la barriga y nos quedemos asombrados en el suelo. Escuchar las primeras veces de mi hija. Celebrar las pequeñas victorias del día a día.

La felicidad para mí son momentos, no es un sentimiento lineal. No es un no parar de emoción que se adhiere a la piel, sino, más bien, un sentimiento efímero, reconocible al tacto del corazón. Se guarda en la memoria de la piel. Los segundos se hacen lentos y se graban a fuego para recuperarlos cuando hace falta.

Si esto es la felicidad, la tengo. La olvido en aquellos momentos en los que me derrumbo, cuando pierdo de vista lo que está pasando ahora y corro kilómetros para tocar el futuro que no ha llegado.

Un maldito futuro que no se puede predecir, pero que no desisto en intentar alcanzar, un intento fútil, inútilmente emprendido. Un control que me cuesta soltar, quizás por el hecho de que me he construido la idea de que yo puedo manejarlo. En realidad, soy consciente de que ni controlo nada ni nada me puede controlar. Desde esa rendición pura encuentro la calma.

He aprendido del caos y el descontrol, que ha reinado mi vida en más momentos de los que quisiera, que lo único que puedo hacer es decidir, actuar, sentir. Ni siquiera controlo mis pensamientos, como una jugadora de tenis me dedico a dar raquetazos a diestro y siniestro a cualquier idea que no me pertenece, en la que no quiero entretenerme ni un minuto más. De mí depende darle espacio o dejarla pasar.

Y en este dejar pasar, ignorar aquello que no quiero que forme parte de mí ni de mi día a día, encuentro la fe, los momentos de felicidad, y me libero de la necesidad de control que hace tres décadas que me acompaña.

Me sabe mal, Control. Sé que has sido de gran ayuda, has querido protegerme, sacarme del peligro y me has hecho bien en muchas ocasiones. A estas alturas soy muy consciente de quién soy y qué quiero. Quizás no sé bien qué me proporcionará el mañana, pero dame la oportunidad de descubrirlo por mis propios medios.

No hace falta que me lances escenarios catastróficos, ni que quieras apretar y asfixiar a aquellos que hacen lo que no tienes previsto o que piensan fuera de tus límites.

Vivir y amar no puede estar bañado por tus aguas, Control. Te digo adiós como a ese amigo que, aunque no esté cerca, siempre está. Estoy segura de que cuando haga falta, tu nuevo rol será bienvenido para protegerme, pero ya no necesito que me envuelvas en papel de burbujas porque el peligro no siempre está. Ten fe, soy capaz de poner mis recursos internos a trabajar para salir ilesa.

Gracias, pero adiós.

12

EN LA AUSENCIA DE JUICIO NO HAY VERGÜENZA

«Cuando entiendo algo plenamente, muere.»
Susan Sontag

El espacio seguro que crean los otros.

Desde que tengo memoria, mi espacio seguro ha sido mi madre. Después lo fueron las primeras amistades de la adolescencia, las parejas y los amigos que perduran con el paso del tiempo.

La necesidad de tener un punto de apoyo externo es humana. ¿Quién no necesita un hombro en el que llorar, dejarse ir y, milagrosamente, aligerar el peso?

¿Qué pasa, sin embargo, cuando la vida cambia? ¿Qué pasa cuando tu pilar de seguridad ya no está?

En mi regreso repentino a la soltería, me sentí libre y más sola que nunca a la vez. Viviendo la vida que quería vivir, pero al llegar a casa no había nadie.

Tenía una amiga que acababa de separarse, como yo, y cada noche nos llamábamos. Hacíamos de espacio seguro la una para la otra, intentando cubrir desesperadamente el vacío que había dejado conferir la autoestima y la confianza propia en el otro. Tenía dificultades para autosostenerme.

El día más duro de todos fue la primera entrevista que me hicieron por mi primer libro, *El arte de la empatía*. Él me habría abrazado antes de salir de casa. Las lágrimas me caían y me puse el anillo de casada en el dedo anular, un lugar del que había salido para no regresar jamás.

Volver a rodar el anillo de un lado a otro del dedo me conectaba de nuevo con ese espacio seguro que había perdido. Y me repetí en voz alta: «Mujer, todo irá bien». Eso me habría dicho él.

Respiré profundamente. Dejé el anillo en su sitio y salí de casa habiendo recuperado la primera parte de un espacio seguro dentro de mí que estaba redescubriendo.

Una copa menstrual que no quería salir

Una noche como tantas otras, quedé para cenar con mi expareja. Después de una relación de casi una década, habíamos recuperado un espacio donde compartir desde la amistad. Aquel hombre que me había cuidado cuando estaba enferma, que me había dado la mano cuando necesitaba el calor de alguien conocido, se hallaba allí como un amigo.

Me había abrazado llorando en sus brazos miles de veces y no entendía mi vida sin él, por mucho que nuestro amor ya no fuera de pareja. Nada me hacía sentir más en casa que estar en el sofá compartiendo una pizza juntos y viendo nuestros programas preferidos, o simplemente charlando sobre las novedades de la semana.

Aquella noche, con la menstruación, había decidido ponerme una copa menstrual que me habían regalado. Ya hacía días que la estaba probando y me iba bien, pero después de cenar noté una sensación extraña y quería quitármela.

Fui al baño y no conseguía alcanzarla, había subido demasiado. En ese momento, no sabía que las mujeres tenemos el cérvix a diferentes alturas. El mío es un cérvix alto y el tamaño de las copas menstruales estándar era demasiado corto para mí. El cuerpo de la mujer es un enigma, no se conoce bien y así nos va.

En una escena cómica, que parecía sacada de un *sketch* de *El camarote de los hermanos Marx*, estaba yo en el baño de casa de mi expareja, soplando y respirando para relajar la musculatura de la vagina y hacer bajar la copa menstrual.

Él, que veía que tardaba mucho, llamó a la puerta:

—Txell, ¿estás bien?

Y yo, riendo, le dije:

—No me puedo quitar la copa menstrual. Hago otro intento y si no, tendrás que ayudarme o acabaremos en Urgencias.

Quién me lo iba a decir... Entre resoplido y resoplido conseguí relajarme hasta que el dedo pudo agarrar la copa y hacerla bajar.

Por la cabeza me pasaban mil cosas: «Qué vergüenza, va y me pasa esto en su casa», «Qué ridículo, como tenga que explicarle ahora a su novia que ha acabado sacándome una copa menstrual». Por muy asexual que fuera nuestra relación en este punto de la historia, no dejaba de ser una escena que nadie quiere imaginar a su pareja haciendo con otra mujer.

Por suerte, no tuvimos que llegar a eso y salí riendo del baño.

—¡Lo he conseguido! —grité con la copa menstrual en la mano como un trofeo.

En ese momento me di cuenta de que él seguía siendo mi espacio seguro en una situación tan íntima como esta. No sentía vergüenza. Podía explicárselo y reírnos de lo que había pasado. Incluso bromeamos sobre qué habría sucedido si hubiera tenido que ayudarme…

Cuando estás en un espacio seguro no hay vergüenza.

No me daba miedo ser yo misma, equivocarme y hacer una escena de película cómica con esa persona que me había visto llorar, reír y comportarme como soy durante un tercio de mi vida.

Y, por un momento, me di cuenta de que estaba en un espacio seguro de alquiler. Él ya no era mi rincón diario de apoyo y ánimo cuando el mundo me devoraba a mordiscos. Tenía que encontrar mi propio espacio seguro.

Pedir ayuda

Qué difícil es pedir ayuda, madre mía. Tengo un discurso interno que dice: «Yo solita, yo lo debo hacer sola». Me transporto a la Txell de cinco años y vuelvo a sentir el orgullo de vestirme sin ayuda y luego pasearme con la camiseta del revés.

No aprendí a pedir ayuda, ni tuve un ejemplo cercano de vulnerabilidad. Nadie pedía ayuda en mi casa, así que aprendí que mi camino era hacerlo todo sola.

Únicamente en momentos extremos de vida o muerte, cuando las arenas movedizas me arrastran al fondo del pozo, con los últimos centímetros del dedo al aire, pido ayuda. Es decir, cuando ya es demasiado tarde.

La vergüenza me inunda el cuerpo. Debería resolverlo por mí misma, debería hacerlo sola. ¿Por qué no puedo? ¿Por qué no soy capaz de solucionar el problema?

Sin embargo, al compartirlo, ponerlo sobre la mesa y decir en voz alta: «No sé qué hacer. No sé cómo seguir. No veo ninguna opción que me guste», es cuando aparece la magia. Y entonces logro pensar, repartir tareas, dejar de hacer, delegar, respirar y quitarme un peso de la mochila que no me toca cargar sola.

Mi tendencia enfermiza es tomar la responsabilidad que no me corresponde por impaciente. Me queman los problemas en las manos y si veo la solución con claridad, siento la inquietud de solucionarlos.

El rol de solucionadora empedernida me ha traído infinidad de retos y ahora he cambiado de espacio. Respiro y me pregunto a mí misma: «¿Es responsabilidad mía? ¿Quiero hacerlo o me siento obligada? ¿Estoy traspasando mis propios límites?».

Y si siento claramente que no es mi tema, me quito la piedra de la mochila y la dejo ir. Aunque sigo mirando el problema de reojo para asegurarme de que alguien tome esa responsabilidad. Lo sé, es absurdo.

De vez en cuando todavía lucho conmigo misma. A base de práctica, consigo soltar y, entonces, la libertad interna me aligera y me permite ser el espacio seguro dentro de mí que tanto necesito.

Bailar con la vida

Dani y yo decidimos apuntarnos a clases de bailes latinos, salsa y bachata. Empezamos con mucha ilusión, aprendiendo los pasos y tomándolo con ganas y pasión.

El primer año me hacía muy feliz ir a clase y me lo pasaba bien, hasta que la complejidad hizo que la exigencia se colara en el discurso.

«No sabes lo suficiente, te has equivocado, pensarán que no sabes bailar…»

Y bailar con mi pareja dejó de ser divertido. Tanto él como yo entramos en una espiral en la que nos corregíamos. Yo sabía los pasos y al ver que no lo hacía como yo pensaba, entraba directamente en la corrección, la inadecuación.

Bailar con alguien que cuenta: 1, 2, 3, 4… es como intentar mover el cuerpo con un Excel de instrucciones. No podíamos fluir ninguno de los dos y, después de una batalla interna, decidí dejar de ir a clase.

Abandonar las clases fue la mejor decisión. Ahora yo me muero de ganas de bailar salsa y disfrutar bailando con él descalzos en el salón, sin escrutinio. Es él quien sabe más, conoce figuras nuevas y puede mantener su energía masculina al llevarme sin que yo quiera controlarlo todo.

Soy capaz de seguir su cuerpo, de no anticiparme. He dejado de quejarme por dentro y por fuera: «Así no es, ahora tienes que darme la vuelta, la mano por arriba, me haces daño…».

No hay frustración porque no hay control. Puedo disfrutar sin querer asegurarme el resultado y, a la vez, hemos conseguido que bailar sea un punto de conexión entre nosotros.

Un día me miró con una sonrisa en los ojos y en silencio puso *Passione*, de Fred de Palma. Alargó la mano y me quité las zapatillas, y delante de la chimenea bailamos sin pretensiones, mirándonos a los ojos como si fuera la primera vez que nos veíamos.

Entrelazando los dedos con los suyos y sintiendo su mano en mi cintura, me sentía en un espacio seguro para hacer el tonto. Ser yo misma, darnos besos en cada vuelta, equivocarnos y volver a empezar.

Bailar así, sin exigencia, sin contar los pasos, fluyendo en el momento, es lo que necesitábamos para bailar con la vida y enfrentarnos a los imprevistos, las piedras en medio del camino.

Y eso me recuerda al cartel colgado en la cocina que mi hija se asegura de que leamos cada día. Dice así:

ESTÁ BIEN:
SER UNA MISMA
NO SABERLO TODO
COMETER ERRORES
TENER DÍAS DIFÍCILES
SENTIR TUS SENTIMIENTOS
Y VOLVER A EMPEZAR

Y cada día volvemos a empezar. Paso a paso, damos vueltas por la vida y decidimos bailarla con una sonrisa en la boca.

13

EL ESPACIO SEGURO
DENTRO DE TI

«La tarea que debemos proponernos no es tanto sentirnos seguros
como tolerar la inseguridad.»
ERICH FROMM

Dentro de ti hay un espacio de no juicio. Puede que te cueste encontrarlo. Los monstruos de la mente se han entrenado durante años para hacerse notar por encima de la voz de la autoestima.

La vergüenza empedró las calles de tu cabeza, pero ahora, con nuevos adoquines de ilusión, felicidad, curiosidad, empatía y amor propio, es más fácil caminar sin tropezar.

Buscar el espacio seguro en los demás es humano, una manera automática de quitarnos responsabilidad por no hurgar dentro y realizar las obras de reestructuración que da pereza empezar.

Construir, reformar o reencontrar el espacio seguro interno es clave para vivir la vida con la ilusión del principiante que aún tiene mucho por aprender.

Me gustaría decirte que ya he transitado la vergüenza, que la he traspasado y no tiene espacio en mi vida. No quiero mentirte; el crecimiento personal es un camino circular: de vez en cuando vuelves a ese espacio oscuro conocido y piensas que no ha cambiado nada, que no has aprendido. No te lo creas. No es verdad.

Es el mismo espacio que ya conoces, pero tú eres una persona diferente cuando vuelves allí. Los cambios se hacen visibles.

La herida en días buenos no se ve, no se nota y, por tanto, piensas que no está. En los días malos, cuando la sal cae en ella, escuece, se infecta y te teletransportas al dolor de origen.

Sé cómo es porque, a pesar del largo camino que he hecho, a veces me pasa… El pasado vuelve como un bumerán y provoca que una versión antigua de ti te posea y no te reconozcas. Lo hace más llevadero saber que pasará. Ese estado emocional de resaca antigua ha vuelto hoy. Pero solo hoy. Mañana será otro día distinto.

Días difíciles

Había hecho la maleta, tenía el coche cargado y me disponía a conducir a un lugar nuevo, al Hostal Montserrat, en la cordillera del Montseny, en Barcelona. Me esperaba un día prometedor, me había llevado el ordenador y tenía la perspectiva de escribir, comer en el hostal y leer después del postre.

Llegué con las pilas cargadas. Aparqué y subí los brazos en alto en señal de victoria, pues había sido todo un éxito llegar sin caer por un barranco y superando la angustia de conducir a un lugar desconocido.

Tuve una comida deliciosa y la guinda fue un pastel de chocolate que se deshacía como un *coulant* en la boca, con un crujiente de pistachos que coronaban un postre digno de una reina.

Con un té negro con avena, sentada en una pradera, decidí hacer una incursión para encontrar el mejor recurso para escribir: enchufes.

Fue toda una hazaña encontrar alguno cerca de las mesas. Júlia, la camarera, amablemente me dijo:

—Mueve la mesa si quieres.

La incomodidad se me reflejaba y ella la vio. Me invadió un sentimiento de alivio al ver que mi necesidad era transparente y no tener que ponerle palabras.

Sin darme cuenta, tecleando pasaron dos horas de vergüenza y felicidad a partes iguales. Escribiendo, con los auriculares de cancelación de ruido, veía hombres hablando por teléfono, dos amigos jugando al billar... En el anonimato y observando la escena, como en una película muda, las palabras iban saliendo solas, dictadas.

Cerré el ordenador y subí las escaleras de tres en tres hasta la habitación. Estaba lista para prepararme para la fiesta de la noche. Esperaba a mi pareja ya acicalada, teníamos una cena con el grupo de salsa. Una velada de baile, risas y buena comida, sin la presión de tener que conducir, pues nos quedábamos a dormir en el hostal.

Dónde sentarse en una cena de sesenta personas es una decisión crucial. Te puede tocar una mesa de mudos, de ruidosos, de diversión o del más profundo aburrimiento. Elegimos un buen sitio, una apuesta segura.

Después de cenar pusieron música y empezamos a bailar. Me notaba pez, torpe en los movimientos con unos zapatos nuevos y con un mes en el que había practicado poco, pero conseguí olvidarme de la vergüenza.

Notaba que el vaso de la vergüenza se iba llenando, pero conseguía vaciar alguna gota recordándome que el único objetivo era pasarlo bien.

La que colmó el vaso llegó cuando uno de los compañeros de baile pronunció el mismo discurso que yo reconozco dentro de mí:

—Uy, ¿hace mucho que no bailas? Te adelantas. Tendrás que practicar más… Tu pareja sí que baila bien…

Noté cómo la vergüenza calentaba motores, ese nudo en la garganta tan conocido. Me quedé muda y con ganas de huir. De un salto cogí la chaqueta, el tabaco y me fui fuera, justo a tiempo de ver caer solo para mí las primeras lágrimas.

En estos momentos me siento como la niña que no cantó en el grupo de *rock* y vuelvo a oír la cantinela de una hogaza de medio kilo cortada. No lo puedo evitar. Sentada en un poyete, alejada de la mirada ajena, me puse a llorar desconsoladamente.

Me siento estúpida, pero hay una voz dentro de mí que dice: «Txell, no siempre puedes estar bien. Ahora te sientes así, sácalo. Pasará. Hay días difíciles, hoy es uno de ellos».

Cuando me repuse, y aún con el reflejo de la vergüenza en la cara llena de máscara de pestañas y maquillaje corrido, me senté delante de la puerta.

Llegó mi pareja y le dije:

—No estoy bien.

Necesitaba un abrazo y oír un «todo irá bien». Por mucho que lo sepa, a veces un hombro para soltar el peso y llorar es lo que toca.

No tuve suerte. Cuando iba a ampliar lo que me estaba pasando, al volver a entrar en la sala, de un salto lo sacaron a bailar. Se lo llevaron a la pista. Y yo regresé al espacio oscuro del que había salido.

Volví fuera a esconderme de la mirada ajena y a llorar hasta que, entonces sí, se dio cuenta de que no estaba y vino a buscarme.

Me acurruqué sobre sus piernas en posición fetal, agarrándome a su cuerpo y descargando toda la vergüenza, el ridículo, la autoexigencia, la inadecuación.

Y sin intercambiar muchas palabras, me sostuvo cuando yo apenas podía. Y bailamos solos a la luz de la luna, sin miradas ni vergüenzas. Los dos.

Con los ojos llorosos, él y yo, con la camiseta empapada de maquillaje y pintalabios, no nos importaba más que conectarnos mientras obviábamos lo que pasaba a nuestro alrededor.

Y tras asumir la tristeza, la vergüenza y el rechazo, volvimos a entrar y bailamos, sin que me importara lo que pensaran. Solo con él.

—No me dejes sola, por favor.

—No te dejo. No me separo de ti ni un momento.

La herida se abre y duele, y no podemos controlar cuándo pasa. Simplemente, explota, por muy superado y muy trabajado que lo tengas. Da igual cuántos tipos de terapia puedas nombrar seguidos o cuántos cursos hayas hecho. La herida va contigo allá donde vayas, habrá días que el ánimo será alto y te pasarán desapercibidos los comentarios y las miradas de los demás, y habrá otros que como puñales se te clavarán en la piel y te harán la herida un poco más grande.

La diferencia está en saber que llorando en un poyete no se acaba el mundo. Volveré a reír y a llorar y saldré de este sentimiento más fuerte de lo que entré. Habrá días buenos y días malos, y saber la diferencia es suficiente. No los podemos evitar, no los podemos saltar. Están y estarán, y cada vez serán menos y más pequeños, y la recuperación, más rápida.

Saber esperar: la sabiduría de un níspero

Sentada en el césped, con los hilos de sol acariciando mi piel, pienso en el ritmo de la naturaleza y también en mi propio crecimiento personal. Frente a una cesta de mimbre con nísperos recién cogidos de nuestro árbol del jardín, veo la metáfora emerger.

Los nísperos tardan siete años en dar frutos, una medida temporal, antroposófica, de los ciclos de madurez y crecimiento. Hace tres años que disfrutamos rodeados de naturaleza en esta casa donde hemos hecho nuestro hogar y no deja de sorprenderme, tras observar con la mirada del pequeño cambio, que en lo que parece imperceptible es donde reside la transformación.

Es el primer año que el árbol echa frutos. La primera vez que ha llegado a la madurez para dar vida redondeada y anaranjada. Con fuerza saca de sus entrañas el fruto del aprendizaje.

No teníamos expectativas puestas, no sabíamos su edad ni mucho menos esperábamos el hito de celebrar su madurez.

Tras ver los primeros nísperos verdes colgando de las ramas, expectantes, aguardamos el momento para saborear la primera cosecha.

Estando yo sentada en el césped, cogiendo uno a uno los frutos de su trabajo, pelando cada óvalo con las manos y separando cuidadosamente la pulpa, los huesos y la piel, mi hija vino a asomarse a esta nueva actividad que ha venido para quedarse en la primavera anual de nuestra casa.

—Mamá, ¿qué haces?

—Pelo nísperos, amor. ¿Quieres ayudarme?

—Sí.

Con sus deditos llenos de ilusión, cogía un níspero delicadamente. Sin poder evitarlo, comía más de los que pelaba y yo disfrutaba viéndola llevarse a la boca la novedad.

La presencia de ese momento es un estado vital que quiero mantener. La cabeza en blanco, sin hacer listas de lo que viene después ni preocuparme por los restos de fruta bajo las uñas. Tocar fruta sin guantes, todo un logro personal.

En la presencia, estoy exactamente donde estoy sin querer huir, no necesito una barrera en la piel que me proteja de la incomodidad momentánea.

En el presente es donde puedo sentir, escuchar, soñar despierta, mirar y presenciar los pequeños acontecimientos que llenan la vida de sentido.

La felicidad puede ser pelar nísperos un domingo de primavera por la tarde sin otro aliciente que poner cada migaja de mi ser entre los dedos.

El crecimiento llega en el momento en que hay fuerza suficiente para el nacimiento de los frutos. Y nadie piensa que el níspero es un árbol inútil porque no dé frutos durante siete años, ni tampoco lo es en invierno, cuando la quietud y el reposo son necesarios.

Pequeña injusticia

«Niños pequeños, problemas pequeños. Niños grandes, problemas grandes.» Eso decían en mi casa y, como un mantra, ha quedado integrado en mi inconsciente. De vez en cuando, sin embargo, mi hija Lluna me sorprende con un problema digno de mayores.

Un día me contó que en la escuela había presenciado una injusticia. La palabra «justicia» no formaba parte de su vocabulario, pero con sus propias palabras fue capaz de explicarlo.

—Mamá, el otro día Bruna tenía un juguete y Max y Maguette se lo quitaron. Eso no está bien. Le dije a Max que no estaba bien. Lo tenía Bruna primero.

Una sonrisa interna me recorre el cuerpo al pensar que dentro de este pecho inexperto late un corazón que se enciende ante la injusticia.

Me sorprendo a mí misma pronunciando estas palabras:

—¿Sabes cuándo vamos a la biblioteca y quieres jugar a un juego? ¿Quién se lo pide a la bibliotecaria?

—Yo, mamá. Pero tú me acompañas.

—Sí, amor, yo te acompaño. Y cuando hay algo que no te ha gustado, ¿quién tiene que decir que no le ha gustado?

—Lluna.

—Y si a Bruna le hacen algo que no está bien, ¿quién lo tiene que decir?

—Bruna, mamá.

Me siento como si actuara en un capítulo de *Barrio Sésamo* sobre la injusticia. Y mientras le explico que, a veces, cuando vemos que alguien no se comporta como debería, nos da rabia, nos enfadamos y queremos que pare, es responsabilidad de cada uno poner límites. Alzar la voz y decir «no». Tenemos que dejar que los demás alcen la voz por sí mismos.

Me recoloco por dentro. Y toda la formación que tengo, los aprendizajes sobre límites personales, de golpe se sitúan en el lugar correcto.

Y pierdo el síndrome de heroína y de salvadora en esta pequeña injusticia que he logrado explicar, pero, por encima de todo, la he sentido y la he entendido en el cuerpo. Desde mi verdad, ella la ha hecho suya. Una creencia nueva que se queda con nosotras.

Esperar la pelota

En un microsegundo veo la pelota de Minnie escaparse de sus manos y caer al lago. Un agua de color verde eléctrico se la lleva en unos segundos y la posibilidad de recogerla y ponerla de nuevo en la mochila se desvanece.

184

Lluna empieza a llorar.

—Mamá, la pelota. Yo quiero la pelota.

Respiro profundamente. La abrazo y la levanto en brazos. Llora desconsolada mientras la pelota se va alejando hasta llegar al centro del lago.

—Estás triste porque la pelota ha caído al lago. Te gusta mucho esa pelota, es muy bonita.

Con los ojos llorosos y mientras se recupera de su disgusto, va asintiendo con la cabeza. Entonces aparece un chico con una rama de palmera con la que intenta mover el agua para llevar la pelota a una de las orillas del lago. Ha visto lo ocurrido y ha querido ayudarnos. Mi pareja baja por el torrente para buscar un palo.

Miro la escena digna de *Indiana Jones* de domingo en el parque y le explico a Lluna:

—Lluna, estamos buscando la manera de recuperar la pelota. Este chico está moviendo el agua para ver si la alcanza. Y Nana está ayudando. No sabemos si podremos recuperarla, pero nos estamos esforzando mucho. Si la recuperamos lo celebraremos y si no podemos recuperarla, habremos dejado en el lago una pelota para las tortugas y los patos.

—Sí, mamá. Seguro que a las tortugas les gusta jugar a la pelota.

—Seguro que sí. Ahora tenemos que esperar y ver si tenemos un poco de suerte y con esfuerzo conseguimos que la pelota vaya a la orilla para recogerla. ¿Vamos a mirar?

—¡Vamos!

Me pasa a menudo: para hacer que el discurso sea accesible para mi hija y enderezar sus momentos de frustración, la creatividad, la curiosidad y la ilusión son los mejores recursos. Y en cada pequeño cambio de estar en el presente, observar, actuar, sentir y ser, encuentro la calma. De rebote, al hallarla yo, Lluna la encuentra a mi lado.

Conseguimos recuperar la pelota. Es una fiesta. Lluna la abraza y la ponemos en la mochila antes de que acabe de nuevo en el centro del lago.

Está contenta, vuelve a sonreír. Me da el chupete y dice:

—Mamá, hemos recuperado la pelota. ¡Nos hemos esforzado mucho!

—Sí, amor. Nos hemos esforzado.

Y el crecimiento —aprender, rectificar y reenfocar— es como la pelota en el lago. Hay días que parece que no volverá a ser nuestra. Con esfuerzo, perseverancia y aprendizaje conseguimos recuperar el centro. Y allí donde teníamos un disgusto, celebramos el esfuerzo y los pequeños pasos que nos acercan a vivir las emociones como un arcoíris. Y pasamos de la tristeza a la alegría, sin anclarnos en ninguna de ellas, dejando que nos atraviesen y nos transformen.

14

DARME PERMISO PARA SER QUIEN SOY

«Hay un mundo y yo siento que estoy en él.»
SUSAN SONTAG

El permiso para ser yo misma nace de la inocencia de la niña que fui, que vive en mí, y de la sabiduría acumulada de la experiencia de la mujer adulta que soy.

Antes me dolía ser yo y ahora me duele no serlo.

Me he convertido en mi propia maestra y tengo palabras amables cuando me equivoco. Me demuestro día a día que vivir dentro de mí es una experiencia agradable.

He dejado de intentar ser yo, de buscar el permiso y la aprobación, y ahora simplemente soy, con todas las consecuencias que eso implica.

No todo el mundo me querrá y eso no solo está bien, sino que es absolutamente necesario. No estoy enganchada a la validación externa, a gustar, ni siquiera a complacer por encima de cubrir mis necesidades.

Esto va para ti.

No quieres ser un adulto que no conoce la ilusión, que se auto-censura. Anímate a romper viejos esquemas. Cambiar el *software* que tenemos por defecto no es fácil, llevamos años de entrenamiento para ser aquello que los demás quieren que seamos.

Las personas que no te aceptarán en estado puro son precisa-mente aquellas a las que tu versión avergonzada y pequeña les apor-taba privilegios y ventajas que no están dispuestos a soltar. Y déjame decirte que esas personas no te interesan en tu vida. Son mala gente que solo te quiere cuando le beneficia.

Tiras piedras sobre tu propio tejado, manteniéndote en una po-sición que no es la tuya para conservar una relación irreal de bene-ficio del otro por unas migajas de amor que no te hacen feliz.

En la vida todo tiene remedio menos la muerte. Los dramas dia-rios, al verlos desde el yo observador, tu yo que no vive la experiencia, se hacen pequeños y fútiles. Y por mucho que entres de lleno en la montaña rusa emocional, serás capaz de bajarte cuando te des cuenta de que has subido sin querer en un automatismo conocido. Respira y toma el camino desconocido, el nuevo.

Yo he encontrado mi fórmula, pero tú tienes que encontrar la tuya, que es tan única como tú. Escuchar la voz interior duele, pero más daño hace ignorarla y que el dolor se enquiste y se cronifique. Cuando se llega a ese punto, es más difícil salir de ahí.

Más vale estar en el espacio oscuro una vez que vivir permanen-temente en la oscuridad. La verdad te hará libre. Tu verdad, y no la que has escuchado en boca ajena y has hecho tuya.

Aprende a desaprender, a discernir los discursos internos que aceptaste para mantener tu bienestar cuando no tenías ningún otro recurso disponible.

Espero que te aceptes y te ames cada día de tu vida con la im-perfección humana que te caracteriza, sin vergüenza.

Atrévete a no gustar

Ser educada y políticamente correcta no es siempre la mejor opción. Un día, paseaba por el barrio del Clot en Barcelona, por las calles que me acogieron en la adolescencia de las primeras veces. Los bancos de los primeros besos, los amores que se desvanecen en la edad adulta, las tardes sentada en la calle, el refugio de los que no tienen casa propia.

Pasé por los recuerdos en cada esquina. Volvían como si fuera ayer cuando iba a buscar a mi mejor amiga a la salida del CET10, un centro donde impartía cursos para monitores que le permitían ganar un dinerillo en los veranos.

En un ataque de nostalgia le escribí.

—¿Y si hacemos un encuentro? Hace mucho tiempo que no nos vemos y he pensado en ti al pasar por el barrio.

Mis palabras resonaron al otro lado, ventajas de internet y la comunicación instantánea que, en segundos, viaja a la otra punta del mundo.

Ya lo teníamos. Nos veríamos con el grupo de amigos del instituto, un encuentro de adolescencia desde la mirada adulta. Ella se encargaría de contactar con algunos de los chicos del grupo y yo con mi expareja. No sé bien si se puede decir expareja cuando tienes dieciséis años, más que pareja fue un espacio de prueba y error.

Con la ilusión del recuerdo y del encuentro que habíamos empezado a planear, contacté con él: «Hola, soy Txell, fuimos pareja hace como mil años. Hemos decidido quedar y hacer un encuentro todo el grupo en mi casa, en el Montseny. ¿Te apuntas?».

La respuesta se hizo esperar y cuando llegó deseé no haber pisado esas calles de nostalgia:

«Hola, Txell. Me alegro de que estés bien y la vida te vaya tan bien. Respecto a eso de encontrarnos, creo que no toca a estas alturas. Los recuerdos están bien donde están, como recuerdos. Actualmente, tengo la vida montada, soy muy feliz y no toca ahora mezclarla con el pasado, el pasado queda en el pasado y el presente es el que vivo felizmente. Deseo que la vida te siga yendo muy bien y que estés llena de éxitos».

La rabia se apoderó de mí. ¿Me alegro de que estés bien? ¿Que te vaya tan bien la vida…? ¿De qué hablas? Si no te he contado nada de mi vida.

Quería escribir un mensaje diciendo:

«Vete a la mierda. En las dos décadas que hace que no nos vemos no has aprendido asertividad ni sensibilidad ninguna. Muy feliz no puedes ser si tienes la necesidad de justificarte cuando nadie te ha preguntado. Si el pasado te retuerce por dentro como a quien le duele el estómago, será que tienes que revisar quién eras y quién eres. No tiene nada que ver conmigo. Tiene que ver contigo y de ti sí que no te libras».

Lo habría estrangulado con el rechazo que sentía. Y lo peor es que no respondí eso. Me tragué la rabia y busqué una explicación inexistente a su mensaje fuera de lugar y desubicado. Era tan fácil como decir: «Espero que lo paséis muy bien en el encuentro. No me sentiría cómodo yendo. Gracias».

La realidad es que, aunque yo tenga un buen recuerdo, y el pasado esté guardado dentro de mí, no significa que el otro lo tenga. Su respuesta no tiene nada que ver conmigo, pero duele, y cuesta desprenderse de la complacencia y de gustar por encima de ser auténtica y mandar a paseo a todo aquel que se lo merece.

Inevitablemente, el primer pensamiento es el siguiente: «Me he equivocado, soy inadecuada». Releo mil veces el mensaje enviado y repaso mentalmente dónde me he perdido. En qué hipótesis su respuesta tiene sentido.

Y llego a la conclusión de que no soy yo. Es él.

Lo que más me duele no es que no venga al encuentro, sino que su mensaje ha manchado el buen recuerdo. Y han venido un sinfín de otros que estaban enterrados en mi memoria, de nuestra relación, en los que el rechazo estaba en el centro del escenario. Ya no podré volver al estado anterior a la decepción, antes del repaso de recuerdos que enterré. Sin saberlo, su respuesta ha ensuciado un recuerdo posiblemente irreal, pero ahora es más doloroso, imperfecto, como la vida.

Cada día lucho con ese primer discurso que me viene a la cabeza: «Te has equivocado, no has leído bien la situación, no deberías haberlo hecho». Y ahora pienso: «He hecho lo que quería hacer y la respuesta no es responsabilidad mía». Duele, reposiciona los recuerdos, pero yo elijo cada día ser yo misma sin vergüenza. No dejaré de decir, hacer y sentir por miedo al dolor, a la vergüenza o a la rabia que pueda salir desbocada de la situación.

Me enfadaré, lloraré, me reharé, pero elegiré seguir como soy.

Yo solo puedo controlar lo que hago, pienso, siento y digo. Y aunque lo que escuche de los demás me haga daño y por un momento me transporte a la vergüenza más profunda, la manera de salir es recordarme que elijo ser la misma pase lo que pase. El mundo, a veces, no te corresponde con el mismo nivel de amor que tú envías. Y eso no significa que no seas merecedora de ese amor. Simplemente, no es ahí donde ir a buscarlo.

Me refugio en mis brazos, en el refugio interno, en la seguridad de que mañana será otro día y veré con claridad. El sentimiento se habrá evaporado.

Me acogerán aquellos que me aman con mi imperfección, los errores y mi abanico de emociones. Por encima de todo, mi gente es aquella que me quiere cuando más lo necesito, en los días grises, y es menos cómodo hacerlo.

Vivir con vergüenza es difícil. Asumo mi herida que me acompaña en los caminos de la vida. Sin duda, lo que no puedo soportar es ir por el mundo siendo una persona con la que no me identifico.

La cicatriz

En Urgencias del hospital esperaba en la sala de espera con el dedo envuelto en papel de cocina para parar la hemorragia. En un movimiento inocente para vaciar una lata de crema de coco, con la que iba a hacer la mona de Pascua, apreté más de la cuenta y, con los guantes de látex puestos, me di cuenta de la sangre cuando ya era demasiado tarde.

Con un corte profundo en el nudillo, veía impedido el movimiento del dedo. De todos los lugares donde podría haberme hecho daño, este era el peor. En cada doblez del dedo notaba con fuerza la herida. Puntos de papel y tres días sin mojar la herida me hicieron poner atención a cada leve movimiento, a cada acción. Limitar el uso de las manos estaba a la orden del día, posiblemente la peor pesadilla para una escritora.

Ya no podía ir como un torbellino haciendo maratones de cocina, de limpieza o de doblar ropa, ni siquiera escribir. Me dolía demasiado y había riesgo de que se abriera la herida.

Este dedo me ha enseñado la última lección sobre las heridas que llevamos en el cuerpo y en el corazón. En una semana en la que el refugio no podían ser las tareas ni la producción, me he sumido en el sentimiento profundo. El cuerpo ha entendido que era hora de descansar y recolocar viejas imágenes, ordenarlas en su espacio. He dormido, he leído, he visto series, he cantado.

En este proceso, he aprendido que asumir el dolor es solo la primera parte, la de ver la limitación, la impotencia de no poder hacer lo que una quiere y encontrar un camino alternativo.

Mi piel, como una metáfora de la herida, siempre ha sido muy difícil de cicatrizar. Los golpes por caídas, los cortes, los arañazos se marcan y duran como una señal a medio cerrar.

Esta vez ha sido diferente, quizás porque ya estoy preparada para cicatrizar.

Ahora sé que es posible pasar de la herida abierta a la cicatriz sin sufrir. Noté claramente que la cicatriz estaba cuando abrí la primera página del libro que me regaló mi pareja por Sant Jordi: *Querida culpa, gracias, pero adiós*[23].

Nada más abrirlo, un pensamiento me cruzó la cabeza: mi libro de la vergüenza no es como el de Sonia. ¿Será que este libro de la vergüenza no es como esperan en la editorial? Llegó así la comparación, el miedo a ser diferente, a no encajar en el mismo molde.

Y como un tren sin parada, el pensamiento pasó de largo. No dolió, fue un eco de la cicatriz, de la vergüenza, de la inadecuación. Un eco del síndrome de la impostora que permaneció unos segundos en mi cabeza y después se deshizo.

Dicen que las emociones duran noventa segundos y, en aquel momento, por mucho que lo creyera, aún no lo había experimentado. Cuando la herida está cerrada y queda la cicatriz, esta representa el recordatorio, el eco de aquel pensamiento automático que ya no es mío.

Ahora sé que es posible que deje de doler. Traspasar la herida es asumir que está, verla en su profundidad y asumir que la vergüenza

---

23. Sonia Rico, *Querida culpa, gracias, pero adiós*, Urano, 2025.

y el rechazo tendrán un espacio residual en mi vida. Ocupará cada vez un reducto más pequeño, y los sentimientos poco a poco dejarán de limitar el movimiento y no sentiré la necesidad de huir de mi interior. La vergüenza pasará a convertirse en un aguijón. Un pinzamiento de microsegundo que disparará pensamientos antiguos.

Durante unos segundos noto la punzada que se clava en el mismo lugar donde estaba la herida abierta hace tiempo. No siento la necesidad de abrirla de par en par, ni de hurgar en ella, la conozco demasiado bien para entrar de lleno. No hace falta refugiarme en el dolor conocido y cómodo.

La punzada dura unos segundos y después se va por donde ha venido. Siento una liberación plena, me he deshecho de las cadenas que me anclaban a la tierra en un espacio en el que me dolía, pero a la vez me protegía del mundo. Me escondía detrás del dolor.

Me siento valiente y capaz de mirar mi cicatriz y no pensar que soy yo. Es parte de mí, pero a simple vista no se ve: solo yo sé que está y que, en días de mal tiempo, el aguijón vuelve.

15

SIN VERGÜENZA

«Bajar las ideas al cuerpo,
la experiencia del mundo adherida a la piel.»
MERITXELL GARCIA

La culminación de mi proceso de crecimiento personal con la vergüenza es, obviamente, este libro, pero el camino de verdad empieza cuando me abandona a mí y sale al mundo.

Ante la propuesta de impartir un taller, «Sin vergüenza», para la Associació Aurigues de Sant Celoni (Barcelona), no dudé ni un momento en abrir este sentimiento para compartir mis aprendizajes.

Recurrí a mi buen amigo Alf Mota, con quien he trabajado en retiros y procesos de crecimiento personal, cada uno desde su espacio. El mío, la creatividad, la escritura terapéutica y el *coaching*; el suyo, la alimentación energética, el cuerpo, el *focusing* y el inconsciente desde las imágenes.

Como cada vez que me expongo públicamente, cinco minutos antes de empezar me entraron los nervios. Fuera de la sala, le dije:

—Alf, ¿tú crees que tengo que decir que hay un libro de la vergüenza detrás de la actividad?

—¡Claro! Solo faltaría… He venido aquí a hablar de mi libro.[24]

A pesar de la experiencia que tengo, por unos segundos volví a ese espacio vergonzoso. Por otro lado, era capaz de decirlo en voz alta y compartir la vergüenza. En los momentos de duda, en los que no puedo ser un espacio seguro para mí, me apoyo en quienes me quieren y no me juzgan en mi vergüenza.

—No me he preparado. No sé qué diré. Supongo que me sorprenderé igual que el resto de personas con las palabras que salgan de mi boca.

Siento dentro de mi cabeza resonar un discurso nuevo. ¿No me he preparado? Si seis meses de escribir una investigación profunda y un viaje de crecimiento personal sobre la vergüenza no es estar preparada, no sé qué lo será.

Al abrir la boca y empezar el taller sin vergüenza, el discurso salió solo. No podía parar de hablar y en cada observación encontraba más que decir.

Impartiendo el taller me di cuenta de que la mayoría de las personas no han desgranado este sentimiento. Me siento identificada. Antes de escribir el libro, la vergüenza no formaba parte de mi vida consciente, ni de mi vocabulario. Me parecía una emoción de niños, no me sentía interpelada.

Algunas participantes del taller pensaban que la vergüenza era una emoción tonta, que no servía para nada. Y cuando tengo la certeza de algo, me salta una alarma y tengo que hablar.

---

24. Referencia a la frase «Yo he venido aquí a hablar de mi libro», pronunciada por Francisco Umbral en el programa *El día por delante* de TVE (1993), cuando interrumpió a la entrevistadora Mercedes Milá para reclamar que se hablara de su obra reciente en lugar de otros temas. La expresión se ha convertido en un referente cultural español para describir a alguien que insiste en hablar solo de lo que le interesa.

La vergüenza es una emoción de regulación social. Nos permite sobrevivir en sociedad. A nadie se le ocurriría ponerse a orinar en medio de la sala donde estamos o a masturbarse delante de todos. Tiene una razón evolutiva. No podemos sobrevivir sin el grupo y, para formar parte de él, la vergüenza juega su papel para adherirnos a las normas sociales y morales y sobrevivir. Ahora bien, llevada al extremo, es limitadora de nuestra libertad interior.

Observaba las caras de sorpresa, los ojos cerrados de reflexión, el desconcierto. Y en la ronda de palabra me sentí satisfecha de haber abierto una ventana a la vergüenza desde otra mirada.

Para entender la vergüenza de otro tienes que conectar inevitablemente con la tuya. La vergüenza es universal, pero no cómo la sentimos ni dónde ni cuándo. Y a veces podemos llegar a despreciar la de otra persona. No la entendemos, nos parecen tonterías que el otro tiene que superar.

La vergüenza nos molesta y es difícil entender la del otro porque no es la nuestra. La diferencia de experiencias y el rango tan amplio que puede tener la vergüenza hacen que nos cueste entrar en la mente del otro. Y precisamente por eso he abierto mi mundo interior, para que veas la experiencia de la vergüenza desde otros ojos.

Haya sido o no tu vivencia, espero que la hayas experimentado en el cuerpo, en el corazón y la hayas contextualizado con la mente, en tu mundo, en tu vergüenza.

Cuando te encuentres con alguien que deposita su vergüenza en tus manos, deseo que la acojas con el cuidado y la empatía que merece tu propia vergüenza. Con amabilidad, escucha activa, brazos abiertos y amor infinito.

Y ahora me toca a mí

Dos días sin dormir. Mi hija Lluna tiene una tos seca que la despierta cada hora y con la misma melodía hemos pasado dos noches eternas.

No sé si es debido al cansancio, pero la claridad se ha apoderado de mi cabeza. Hace años que pienso que volveré a ser la que era. Recuperaré la vida que antes tenía y que añoro con nostalgia. Pero me doy cuenta de que ya no hay forma de regresar. Y a la vez eso es una buena noticia.

No soy la misma persona, para bien y para mal, no lo soy. Antes quería dar conferencias por todas partes, viajaba dando la vuelta al mundo de Jules Verne y la cuenta bancaria acompañaba mis; o, más bien, generaba un mecanismo de compensación en el que tener un trabajo que no deseaba y hacer ver que era una persona distinta a la que soy, me hacía querer utilizar los billetes como un visado para ser libre.

Sin embargo, la libertad no busca mecanismos compensatorios. Ahora sé que mis prioridades no son tener muchos amigos, sino guardar los buenos como tesoros porque estos se pueden contar con los dedos de una mano. Amistades verdaderas, de aquellas que Aristóteles describía como fundadas en la virtud: vínculos que resisten el paso de los años porque no se sustentan en la apariencia ni en la utilidad, sino en querer al otro tal como es, en su esencia.

Aquellos que me han querido pequeña, encogida y avergonzada de ser yo misma no eran amigos, sino personas que buscaban la libertad a través de verla coartada en mí.

Ya no mido la felicidad por los ceros de mi cuenta bancaria, sino por las puestas de sol que puedo ver al atardecer o las chispas que escapan de la chimenea.

La vergüenza ha sido un disfraz que me ha cubierto para no mostrar la luz que llevo dentro, la ha protegido y la ha cuidado para sobrevivir.

Me doy cuenta de que mis libros los escribo para la Meritxell del pasado, como si pudiera aprender de la del futuro, que ha vivido este camino. O quizás es al revés, escribiendo el pasado es como se crea un nuevo futuro. Quién sabe.

A través de estas páginas he revisitado la infancia, la adolescencia, las decepciones, la vergüenza y el rechazo que me han acompañado y me han protegido, durante mucho tiempo, de ser quien soy. Un día aprendí que ser yo misma dolía y he huido de ese dolor con todas mis fuerzas.

Con el anhelo de ponerle palabras y explicarte cómo salir de la vergüenza, he asomado la cabeza al otro lado, donde ese sentimiento ocupa solo un microsegundo de un pensamiento antiguo, de un mecanismo aprendido que he tenido el placer de desaprender, no sin tropezar.

He vuelto a cada escena, a cada momento de sonrojo para deshacerlo, resignificarlo. Y no creas que ha sido fácil. Mentalmente, el pasado estaba muy instalado dentro de mí, pero ahora sé el qué, el porqué y el cómo.

El cuerpo y el sistema nervioso, en cambio, revivían cada recuerdo como si volviera a estar allí y lo experimentase hoy por primera vez.

Hace tiempo que tengo la certeza de que el cambio reside en el cuerpo y en el sistema nervioso. La mente parcelada, fragmentada y los mecanismos aprendidos en la infancia nos persiguen hasta que somos capaces de volver y cambiar el sentimiento que nos produce el recuerdo y la experiencia vivida.

Yo he efectuado este viaje de descubrimiento pincel en mano, encontrando un espacio para el arte en la vida cotidiana. Yendo arriba y abajo con un lápiz y una libreta para captar el momento presente. Pintando flores entre reuniones. Volviendo al arte de crear con las manos, al cuerpo, modelando figuritas con arcilla, dando forma a las piezas de la misma manera que voy cambiando de forma de pensar.

Cogiendo nísperos del jardín, espárragos e higos según la temporada. Volviendo a las raíces, a estar en el aquí y el ahora. Haciendo mi pasta de dientes, mi desodorante, el yogur casero o probando recetas que requieren tiempo y presencia.

Tocando el tambor, cantando, aprendiendo a hacer sonar el ukelele. Estando presente, sintiendo, haciendo que el cuerpo y la seguridad vuelvan a mí no desde la cabeza, sino desde la piel, desde las emociones.

He llamado a las puertas de aquellas personas que me han acompañado a llegar bien profundo, al inconsciente, que se manifiesta día a día. Y he accedido a él para ordenar y resignificar recuerdos que son difíciles de abarcar por mí misma.

El yoga ha vuelto a mi vida, y ha sido un regalo ver cómo me anticipo a los movimientos. Un mecanismo antiguo de protección, de querer ir por delante para sentirme segura. Y poco a poco, respirando entre el gato y la vaca, he dejado atrás la necesidad de adelantarme y he empezado a sentir mi cuerpo. Encontrar la postura, recolocarme. Ahora sé cuándo no estoy cómoda. El cuerpo lo sabe antes de que la cabeza haga un discurso.

Ahora sé parar y recolocar un pie, mover un brazo o poner un límite verbalmente porque el cuerpo es el mejor semáforo. No necesito hacer un baipás a mi organismo y restringir lo que siente, porque cabeza, cuerpo y emociones van a una, trabajan juntos aunque cada uno tenga clara su función.

Hasta este momento mi mente mantenía las emociones encogidas en un rincón y las quería intelectualizadas, controladas para evitar el dolor, y el cuerpo, normalmente, el patito feo de la ecuación, quedaba relegado a la decoración, a una apariencia y no a la sabiduría que le es dada.

El cuerpo me ha llamado tan fuerte que no podía ignorarlo. Ahora sé escucharlo cuando llega la enfermedad, cuando la alerta y el aviso aparecen. Puedo poner la oreja y entender el mensaje y no ignorarlo o tacharlo de molestia desafortunada.

Por desgracia, no nos enseñan a escucharnos, es más, todo el sistema social que tenemos trabaja incansablemente para hacer de la mente el capitán del barco. Quien ha creado la solución, la mente, no puede librarte del problema. El remedio que te ofrece tu cerebro es precisamente el que te salvó en la infancia y es la razón del problema que tienes hoy. No conoces un camino alternativo.

Vives una desconexión integral de tu ser, un aprendizaje inconsciente, y si no sabes qué es, ¿cómo puedes librarte de ello?

Obsérvate. Cuando quieres huir, no estás presente. Cuando aparezca la distracción, la procrastinación, comer desmesuradamente, fumar y adicciones diversas…, observa. La solución está donde no has mirado antes.

Ahora sé que cuando tengo sentimientos que no traspasan, entro en un bucle viendo series de Netflix sin parar. Entro rápidamente en el *scroll* infinito de Instagram. Hacer estas cosas me desconecta del sentimiento y, a través de esas distracciones, huyo tan lejos como puedo.

Ver series y películas que conozco, de las que sé el final, me proporciona una falsa seguridad. Saber los puntos álgidos y bajos del capítulo me lleva a una montaña rusa que conozco, me transporta a la seguridad que busco en el día a día, donde no encuentro previsibilidad.

Me respeto en mi búsqueda automática de esa seguridad que cuando era pequeña no encontré en mi entorno y tuve que buscar en los libros, en las películas conocidas y en intentar ver los sentimientos en situaciones ajenas, en una pantalla, porque me faltaban recursos propios para sacarlos orgánicamente en el día a día, en la vida real.

Tengo un embudo tan estrecho que, cuando los sentimientos hacen caravana, llego a ese punto. Me respeto, lo conozco y, cuando estoy preparada, encuentro los nuevos recursos, las carreteras que hace años que construyo, los métodos que me funcionan. Por un momento los olvido y vuelvo al camino conocido, a la solución rápida y automática que me ha funcionado durante tanto tiempo.

Respiro, me ubico y saco la esterilla de yoga, muevo el cuerpo precisamente cuando menos puedo y quiero. Cuando los nudos de la espalda me hacen el movimiento incómodo y al cabo de unos minutos voy desbloqueando el cuerpo.

Ablando los músculos con masajes de aceite esenciales y de almendras en las plantas de los pies. He aprendido los puntos de reflexología, que son el botiquín en momentos de urgencia: la espalda, la cabeza, el plexo solar y el aparato reproductor. Aceite esencial de jengibre cuando necesito calor, romero cuando el bloqueo es total, lavanda para relajarme. Y poco a poco el cuerpo va respondiendo y se coloca.

Sé que pensando y dándole vueltas no llegaré a la solución si el cuerpo y los sentimientos no están en su sitio.

Y cuando no puedo sola, pido ayuda. Hago una inmersión en el inconsciente y no me atrevo a caminar en la oscuridad sin una mano que me acompañe. Por muchos recursos y herramientas que tenga a mi alcance, soy humana y necesito la calidez humana.

Llamo a María, sé que una sesión de Qilimbic me irá bien. Es un método de procesamiento emocional profundo que trabaja con el inconsciente y con las emociones estancadas en el cuerpo, liberándolas energéticamente. Hacemos *tapping*: con unos golpecitos en la mano, en la cara y en puntos clave voy recolocando los sentimientos y el cuerpo. Vamos profundo. ¿Por qué no me permito sentir? ¿Por qué no me siento segura?

Y por muy freudiano que parezca, vuelvo a la infancia, a resignificar imágenes. No deja de sorprenderme cómo de inaccesible y, a la vez, presente, está el inconsciente en un segundo.

En una sesión con María, volviendo al abuso sexual, ya no siento la ansiedad del peso de un cuerpo sobre mí que no me permite moverme. La escena cambia. Sé que he llegado al inconsciente, porque ahora, cuando las recuerdo, las imágenes que veo y el sentimiento que experimento son completamente diferentes.

Ahora veo mariposas donde antes estaba mi cuerpo inmóvil, ya no percibo el peso de mi hermanastro, y el sentimiento asociado al recuerdo cambia.

Ya no me impacta la ausencia de libertad. Cada célula de mi cuerpo ha podido volver a ese momento y darle otro significado, sentirlo en la piel. Y el regreso al recuerdo ya no es doloroso, se ha impregnado de un vuelo de mariposa de libertad. La sonrisa en los labios me demuestra que he pescado un pez bien grande del inconsciente y lo he reposicionado, lo he vuelto a mirar desde el hoy.

El inconsciente es vasto y desconocido, inmenso e invisible a simple vista, allí tengo guardado lo que no pude sentir, las experiencias que mi cuerpo no fue capaz de procesar. Cajas de Pandora que hace mucho tiempo que están cerradas.

Y con un procesamiento de ojos rápido (REM, por sus siglas en inglés), de izquierda a derecha, haciendo un barrido visual de abajo arriba, ayudo a mi cuerpo a integrar. A tomar la nueva imagen reconvertida y el sentimiento procesado hasta anclarlos al cuerpo.

Sé que hablo desde el privilegio de poder llamar a una terapeuta que me acompañe allí donde yo no estoy preparada para llegar sola, de llegar a lo más profundo con alguien al otro lado que pueda sostener el espacio de seguridad para mí.

La realidad es que sin sofisticación y sin sacar la billetera también es posible. No siempre sabía a qué puerta llamar ni qué recurso era el que me iba bien. Y a falta de presupuesto, la voluntad de aprender sobre mí misma y el empuje solucionador incansable me hacían rebuscar hasta encontrar.

Lo he hecho mil veces y sé cuál es el camino: investigar, leer, practicar, probar, errar y acertar. Y así es como vivo mi vida con responsabilidad sobre quién soy y qué me sucede, sabiendo que la solución está en mis manos y nadie llamará a la puerta de mi casa a traerme lo que necesito para tener una vida mejor.

He conseguido lo que vale la pena:

- Recuperar mi salud: revertir mi hígado graso, deshacerme de los dolores de barriga crónicos, de las migrañas, de los síntomas pesados de la endometriosis y perder 40 kilos.
- Recuperar mi equilibrio mental y emocional: resignificar los automatismos aprendidos de ser víctima de abusos sexuales y psicológicos, para pasar de ser víctima a considerarme superviviente de abuso narcisista.
- Quedarme embarazada de mi hija Lluna, contra todo pronóstico médico, con un útero congelado por la endometriosis, a través de alimentación, suplementos, y cuidando mi bienestar.

Nadie te conoce mejor que tú. Eres experta en ti. Eres tu mejor recurso para solucionar cualquier desafío. Sé una aprendiz eterna. Empieza por ti.

Sanar con creatividad

Tras todo este proceso, he logrado abrazar de nuevo la creatividad, que huyó de mí pintando una bota de cerámica, a base de conectar con ella desde la no producción. Escribir mi diario, inventar cuentos con mi hija, montarme una mesa analógica en el despacho y pintar. Dejar atrás el miedo y el no saber. Prueba y error.

La creatividad es ahora el centro de mi vida. En mayúscula, en los libros que escribo, las personas que acompaño terapéuticamente y los sinvergüenzas: la comunidad Sinvergüenzas de crecimiento personal.[25] Y en minúscula, cuando busco nuevas recetas de cocina —ahora estoy obsesionada con la gastronomía japonesa—, hago fórmulas nuevas de cosmética natural o confecciono mi diario creativo o *junk journal*, a base de recortes y *collages* que hacen que la gente me vea recopilando papelitos que me llaman la atención allí donde sea.

El crecimiento personal es un camino sin final. Y hay días que cansa, que necesito fiesta. Nadie vendrá a arreglar tu vida, tendrás que tomar la responsabilidad para cambiar en ti lo que hace que tropieces con la misma piedra una y otra vez.

Créeme, el problema no es la piedra.

Y con la vergüenza no ha sido diferente. He hecho un viaje al pasado. Por momentos, he pensado que siempre sentiría el dolor, que no podría librarme de la herida. He llegado a asumir que el daño me acompañaría siempre.

Y ahora sé que el camino conocido, el pensamiento intrusivo, dura unos segundos y después se va. Habiendo colocado las experiencias en el cuerpo y los sentimientos procesados, mi cabeza se

---

25. Comunidad Sinvergüenzas: https://meritxellgarcia.substack.com/p/la-verguenza

transforma en la mejor aliada para agarrar la raqueta y golpear bien lejos los pensamientos que no me hacen bien.

Con el tiempo he conseguido que la herida abierta se haya cerrado. Donde había piel nueva, ahora encuentro una cicatriz. La vergüenza está como una brisa pasajera, un eco del pasado que toca esa marca, pero ya no es la sal que escuece en el corte abierto como antes.

La cicatriz te dice que un día hubo una herida, para que la recuerdes y sepas que no hace falta volver a abrirla.

A veces, sin embargo, para crear piel nueva hay que mirar la herida de cerca, abrirla del todo, curar para que la cicatrización sea posible. Porque ignorarla, taparla o hacer ver que no está no hará que se cierre la herida.

Para mí, escribir este libro y abrir la herida es un acto sanador, liberador y cicatrizante que me ha ayudado en el proceso de reconocer quién soy.

La elección de tomar el camino nuevo se hace cada día. El *software* antiguo, el que no sabía cómo sanar la herida abierta, se tiene que desinstalar. Y habrá momentos en que la cagarás y pensarás que no ha servido de nada todo el trabajo hecho, pero saber que es un mal día que no determina el resto de tu vida te dará una paz interna que no se puede comparar con nada.

Al levantarte al día siguiente, la pesadilla habrá pasado: será el recuerdo de ayer y hoy tendrás decisiones que tomar.

El recuerdo de la vergüenza está, ahora sí, pero ya no determina mi vida. Aprendí muy pronto a sobrevivir y a esconderme interpretando un personaje que hacía sentir a gusto a los demás, pero que a mí me incomodaba.

Ya no.

Ahora busco mi comodidad, mi autenticidad y mi alineación interna por encima de todo. Y si me equivoco, vuelvo a empezar. Y cuanto más practico, más sale a lucirse automáticamente mi yo real.

De la misma manera que aprendí a desaparecer y mostrar una versión descafeinada de mí para ser aceptada por los demás, lo he desaprendido.

El orgullo de ser quien soy me acompaña y me lo recuerdo cada vez que me topo con el rechazo. Lo que más me importa es estar a la altura de mis expectativas con la sabiduría de no ponerme demasiadas, en pro de la autoexigencia y el perfeccionismo.

Al fin y al cabo, si hay una cosa segura es que viviré dentro de mi cuerpo, mi cabeza y mis sentimientos hasta que me muera. Mejor disfrutar y hacer una fiesta en la que todos estemos a gusto.

Si te deseo una sola cosa, es que seas tú cada día de tu vida y encuentres la fórmula maestra que solo tú sabes que funciona.

Mi tarea con las personas que acompaño terapéuticamente en mis programas es mostrar caminos posibles, con sus paradas, dar recursos para acompañar cuando sentimos que nos hemos perdido y proponer alternativas.

Responsabilízate de tus heridas, es precisamente donde se esconden los tesoros, tu virtud y tus talentos.

Sabes perfectamente qué es estar en la piel de alguien que siente lo mismo que tú. Sé un faro que ilumina el camino con tu luz real, auténtica.

Desde la cicatriz de la vergüenza, la verdad te hará libre. Comparte la vergüenza en espacios seguros, los secretos, el sufrimiento vivido en silencio se libera cuando sale de ti. Hablando, escribiendo, volviendo al momento en que te heriste, encontrarás las herramientas para poder cicatrizar.

Y si necesitas acompañamiento, no dudes en pedirlo.

Un acompañante te podrá llevar a espacios donde él haya estado primero. Para llegar a lo profundo tienes que ir acompañado de alguien que haya pasado por esos caminos y no le dé miedo entrar, porque sabe muy bien dónde está la salida.

Espero de todo corazón que mi vergüenza haya tocado la tuya.

Sé valiente. Tener la conversación incómoda, hablar en voz alta y bajar el muro es el mejor antídoto a la vergüenza: la vulnerabilidad.

Mejor sin vergüenza.

Y como decía mi bisabuela: «Es mejor una vez roja que cincuenta *colorá*».

16

LOS PRINCIPIOS DEL SIN VERGÜENZA

1. **Crea tu propio espacio seguro interno:** la vergüenza desaparece cuando te sientes segura contigo misma. No esperes que otros te pongan una alfombra roja; es tu trabajo diario construir esa calma y seguridad interior.

2. **Reconcíliate con tu espontaneidad y vitalidad:** permítete ser infantil, absurda y espontánea. La vida adulta no está reñida con la diversión; es la única manera saludable de vivir y transformar los problemas en obstáculos ligeros.

3. **Desinstala la creencia de que «el problema eres tú»:** deja de creer los discursos ajenos que te hacen sentir inadecuada. Desmonta esas estructuras internas y construye nuevas, aceptando la incertidumbre del cambio.

4. **Aprende a sentir tus emociones sin huir:** permite que los sentimientos fluyan, incluso los incómodos. Huir de ellos solo lleva a bucles mentales y arrepentimiento. Sentir es la brújula que te guía. Estás aprendiendo.

5. **Acepta tu imperfección y perdónate:** no busques la perfección. Equivocarse es humano y parte del crecimiento.

Quiérete incluso cuando no estés orgullosa de lo que dices o haces.

6. **Desafía la mirada invisible del otro:** la presión de «qué pensarán» es una trampa mental. Decide vivir auténticamente con tus rarezas e imperfecciones, sin necesidad de convencer a nadie.

7. **Reivindica tu posición y tu valor:** no te guardes las heridas ni te hagas pequeña. Si algo te molesta o te parece injusto, exprésalo. Tu valor no se diluye por ser tú misma.

8. **Honra tu linaje y rompe patrones limitantes:** reconoce las creencias y lealtades familiares que te han condicionado. Puedes honrar de dónde vienes sin renunciar a quién eres, liberándote de lo que te pesa.

9. **Abraza tu versatilidad y tus múltiples talentos:** no te avergüences de ser «multiapasionada» o de tener un conocimiento amplio. Tu valor reside en tu capacidad de investigar y encontrar soluciones a los problemas que te interesan.

10. **Enfrenta el síndrome de la impostora con hechos:** reconoce los pensamientos de duda, pero contrarréstalos con tus logros y la evidencia de tu competencia. Permítete ser vulnerable y compartir tus miedos, haciendo que pierdan fuerza.

AGRADECIMIENTOS

Los agradecimientos es la parte que siempre corro a mirar en un libro. Los libros son trabajo de tribu. El que los escribe es solo una pequeña parte del proceso, detrás hay personas que sostienen, que dan espacio para poder escribir, que escuchan tus locuras, ponen sus orejas para que ordenes las ideas y los sentimientos. Hay quien los mira, quien encuentra los ojos que puedan leerlos. Esta es mi tribu y sin vosotros este libro no hubiera visto la luz.

Gracias, Sandra Bruna, por creer en la vergüenza, por picar piedra hasta que este libro que quería salir encontró un espacio seguro.

Gracias a mi editora, Esther, que en el primer encuentro ya fuiste espacio seguro y compartimos anécdotas de vergüenza como si nos conociéramos desde siempre.

Alf Mota, gracias por nuestras tardes pecaminosas de martes para caminar juntos. Siempre estás al pie del cañón en mis aventuras. Y la vergüenza no podía ser la excepción. Haremos juntos el paseo de la vergüenza, hemos hecho los primeros de muchos talleres de «Sin vergüenza» que vendrán al mostrar este trabajo al mundo. Eres un gran amigo, un terapeuta increíble y un espacio seguro para mí para mostrarme tal como soy. Gracias por estar. Disfrutar de ti y trabajar juntos es el mejor regalo.

Gracias a mi hija Lluna, que es la luz que me ilumina en la oscuridad. Todo el mundo habla de la luna del cielo, pero como decimos en casa, tenemos la luna de la tierra. Eres mi maestra. Te encargas de hacerme crecer, de enseñarme la autenticidad, la voluntad, las luces y las sombras. Ser tu madre me hace mejor persona cada día. Y si no me creo suficiente el aprendizaje, me haces ver que primero tengo que serlo y después hacerlo. Solo puedo sentir orgullo de ser tu madre.

Gracias a Dani, el Nana, eres el compañero de vida que he elegido y me has elegido a mí con todas mis aristas sensibles, neurodivergentes y absolutamente imperfectas. Eres una gran pareja, cuidador y sensible a lo que es vulnerable. Lluna tiene suerte de tenerte, los dos habéis creado un nuevo concepto: Nana. Ella piensa que todos los niños tienen un Nana en casa y eso es gracias a cómo la quieres y cómo la tratas. Cada día a tu lado es un regalo. En la recta final de este libro, en un agosto que no parecía dar más de sí para terminar el manuscrito, me diste el discurso de *coach* que necesitaba, con tu metáfora de fútbol americano: «Con los ojos cerrados escribe sin mirar atrás, no pienses en lo que falta, página a página, sigue. Y cuando creas que no puedes más, sigue. Cinco yardas más. Eres más fuerte de lo que crees».

Nos equivocamos, aprendemos, y lo que más valoro es que podemos hacer camino, tropezar y seguir mirando atrás para encontrar al otro y acercarnos la mano cuando lo necesitamos. Sin ti, no habría podido salir del agujero de vergüenza en el que me encontraba cuando nos conocimos. Me has querido en el momento más bajo y me sigues queriendo en los momentos álgidos. Me has ayudado a permitirme ser yo misma sin vergüenza. Las relaciones perfectas no existen. La nuestra es real. Te quiero.

Gracias a mi madre, Mamu, con este libro nos hemos reconstruido y construido y hemos hecho de nuestra relación un espacio aún más seguro para llorar, para entendernos y para sentir. De tanto luchar por sobrevivir nos habíamos olvidado de sentir. Me gusta esta nueva etapa que hemos empezado de sentir juntas y resignificar lo que hemos vivido.

Gracias a Maria Calvet por ser semilla de inspiración para este libro. Con tu obra *La vergüenza y yo* empezó todo. Sin ti no estaría aquí haciendo un trabajo introspectivo y vulnerable para una vida sin vergüenza. Gracias por un prólogo que solo podías escribir tú.

Gracias a los lectores beta que se han adentrado en estas páginas. Habéis abierto la mirada y aportado vuestra visión de un mundo interno muy mío, que ya es vuestro. Gracias por vuestra mirada, Mònica, Elena (Clementina), Maria.

Gracias a Vero. Un fin de semana en Girona contigo me hizo un clic en el cerebro para ponerme a mí en el centro, para dejar de solucionar las vidas de los demás y focalizar las fuerzas en mi vida. Eres mi hermana de otra madre. No hay nadie como tú, con quien puedo tener conversaciones honestas, siempre acompañadas de *chai latte* y buena comida. Quizás porque compartimos las mismas heridas, sabemos cuánto nos duelen y nos cuidamos. Te echo de menos, y espero que la vida nos lleve a vivir puerta con puerta de nuevo.

Gracias, Dalit, por nuestros lunes juntas en línea, donde hablamos de todo y de nada en nuestro camino creativo. La vergüenza ha sido el centro de mi cabeza y también de nuestras conversaciones. Eres siempre espacio seguro. Valoro tu honestidad, delicadeza y amistad. El hecho de que no nos hayamos visto nunca en persona ha hecho nuestra amistad aún más fuerte. Cada lunes aparecemos y abrimos nuestros corazones, desnudas con nuestros miedos y deseos. Deseo compartir la vida cotidiana contigo, de lunes a lunes.

Gracias a Casa Índigo y su trabajo con mujeres diaristas, que me ha abierto un mundo de intimidad y me ha hecho entender la diferencia entre intimidad y privacidad. He leído a May Sarton, Susan

Sontag, Alejandra Pizarnik, Sylvia Plath y Joan Didion, entre otras. Y en su intimidad he encontrado la fuerza para compartir la mía y encontrar mis propias palabras.

Gracias a mí, sin vergüenza, por escribir con miedo, abriendo el corazón, pensando que este libro no lo leería nadie… ¡y pensar que ahora está en tu mesita de noche! Gracias por confiar en abrirme, en quitarme la coraza y escribir libre.

Es el libro que más me ha costado escribir; página a página he ido haciendo el camino de encontrar dentro de mí el refugio y el empuje que tanto necesitaba para vivir sin vergüenza hasta llegar a la última línea.

Gracias por confiar en ti misma.